Viel Spaß beim Lesen!

Wolfshagen im Harz

März 2012

Peter Baier

Christiana Baier

Christiana Baier / Peter Baier / Beatrice Nunold

Zwischen Vorgestern und Übermorgen

Originalausgabe – Erstdruck

Christiana Baier / Peter Baier / Beatrice Nunold

Zwischen Vorgestern und Übermorgen

Geschichten aus dem Harz

Schardt Verlag Oldenburg

Bibliographische Information der Deutschen Bibliothek:

Die Deutsche Bibliothek verzeichnet diese Publikation in *Der Deutschen Nationalbibliografie*; detaillierte bibliographische Daten sind im Internet über *www.d-nb.de* abrufbar.

Titelbild und Illustrationen: Stahlstiche von A. Schule
nach Vorzeichnungen von Wilhelm Ripe,
mit freundlicher Genehmigung durch den
Museumsverein Goslar e.V.

1. Auflage 2011

Copyright © by
Schardt Verlag
Uhlhornsweg 99 A
26129 Oldenburg
Tel.: 0441-21 77 92 87
Fax: 0441-21 77 92 86
E-Mail: kontakt@schardtverlag.de
www.schardtverlag.de
Herstellung: DPG, Nürnberg

ISBN 978-3-89841-632-0

Vorwort und Dank

Stellen Sie sich vor, Sie stehen auf dem Goslarer Marktplatz, die Sonne scheint, der Brunnen mit dem Goldadler plätschert. Das Glockenspiel am Kaiserringhaus, der ehemaligen Kämmerei, mit seinem Steigerlied klingt noch in Ihren Ohren, und hinter den letzten Figuren des Bergarbeiterzuges schließen sich die Türen. Möglicherweise waren Sie im Goslarer Museum, haben die Kunstschätze wie den archaisch wirkenden Krodoaltar, die Kreuzigungsgruppe, das Evangeliar, das Geburtsfenster oder die berühmte Bergkanne bewundert und sich durch die bewegte Geschichte Goslars, des Harzes und seiner Archäologie, durch Biologie und Geographie führen lassen. Vielleicht sahen Sie auch Stahlstiche nach Zeichnungen von Wilhelm Ripe (1818-1885), von denen einige unsere Geschichten illustrieren. Ein Stich zeigt den Marktplatz Mitte des 19. Jahrhunderts. Auf dem Marktplatz kann es Ihnen passieren, dass Sie von Schulkindern auf Klassenfahrt, die im Städtchen mit einem Fragebogen unterwegs sind, zu den verschiedensten Sehenswürdigkeiten und Begebenheiten interviewt werden. Oder Goslarer Schülerinnen und Schüler befragen Sie etwa in der Art: *Was fällt Ihnen zum Harz ein?* Welche Antwort würden Sie ihnen geben? Dunkle Berge und tiefe Täler, Hexen, der Brocken, Walpurgis, Bergbau, Wintersport oder Hartz IV?

MARKTPLATZ IN GOSLAR

Unsere ernsten, komischen Geschichten ranken sich um unwegsame Täler, Düsterberge und Wettertreiben, um Hexenzauber und Hexenglück, Walpurgisspuk, Brockenödnis, über Loipen, Abgründe der Seele und um menschliche, Natur- und Ökokatastrophen, gestern, heute und morgen.

Christiana Baier erzählt von dörflichen Begebenheiten auf historisch-realistischer Grundlage und schildert das entbehrungsreiche Leben ihrer Harzer Vorfahren. Peter Baier zeigt uns das Phantastische und Widersprüchliche des Alltäglichen in kleinen Abenteuern vom Scheitern und Gelingen. Beatrice Nunolds Geschichten changieren zwischen Fantasy und Realismus, zwischen Traum, antizipiertem Zukunftsalbtraum und faktischem Wahn- und Froh- und Wirklichkeitssinn.

Die wunderbaren Stahlstiche von Albert Schule nach Vorzeichnungen von Wilhelm Ripe hat uns der Goslarer Museumsverein großzügigerweise zur Verfügung gestellt. Wir bedanken uns ganz herzlich.

Wilhelm Ripe gilt aufgrund seiner Orts- und Landschaftsansichten als *Merian des Harzes*, aber auch als *Richter des Harzes*. Mit Ludwig Richter (1803-1884) hat er gemeinsam, dass ihre Harzansichten unter anderem Reiseführer bebilderten und den frühen Harztourismus beflügeln sollten. Doch sind die Stiche Ripes naturgetreuer ohne biedermeierliche Idylle und Theatralik. Im Zentrum stehen die Landschaften, nicht die Staffagefiguren, die nur am Rande kleine Geschichten erzählen. Ripe war gebürtiger Harzer aus Hahnenklee. Sein nüchterner Blick verklärte nicht. Er soll sich als realistischer Romantiker bezeichnet haben. Ripe hatte dennoch Sinn für das Phantastische. Seine *Walpurgisnacht* ist schon fast schwarze Romantik, sein *Brocken im Winter* bei allem Naturalismus ein eisig magischer Ort. Ripe arbeitete für den Goslarer Verleger Brückner. Seine Harzansichten waren beliebte Mitbringsel der Harztouristen des 19. Jahrhunderts.

Wir erzählen Geschichten, Geschichten aus dem Harz. Wie im wahren Leben liegen Dichtung und Wahrheit nicht nur eng beieinander, sondern sind unentwirrbar verwoben. Was wären wir ohne unsere Erinnerungen? Sie sind unser Leben, das, was uns ausmacht. Erinnerungen bestehen aus Geschichten. Sinn und Ziel, Ursache und Wirkung, Gründe und Begründungen, die innere Logik und Zusammenhänge bis hin zu dem, was wir Fakten nennen, ist stets schon in Geschichten versponnen und verwoben. Sie stiften nicht nur den Zusammenhalt, sie sind der Esprit des Lebens, das, was Ereignisse, Widerfahrnisse zu Angelegenheiten für uns und zu Erlebnissen, Erfahrungen werden lässt, zu mehr als momentan Zugestoßenem. Sie schenken uns eine Geschichte, ermöglichen eine Verortung in der Gegenwart und eine Ahnung dessen, was in der Zukunft auf uns zukommen mag. Geschichten weben eine Welt, und wir sind ihr Zentrum und ihre Peripherie.

Und jetzt laden wir Sie ein, fremde Harzwelten und ihre Geschichten zu entdecken.

Beatrice Nunold, Christiana Baier und Peter Baier

Goslar, Clausthal-Zellerfeld 2011

Beatrice Nunold

Der Duft der alten Dame

„Deo Gratias", begrüßt mich der Bettelmönch am Eingang zur Ausstellung. Ich zeige mich davon wenig beeindruckt und biege ab zur Kirchenkunst: nur kurz einen Blick auf die wenigen beschädigten Reste werfen, die vor den Goslarern gerettet werden konnten. Eine ältere, sehr elegante Dame in einem langen, hochtaillierten, cremefarbenen Kleid mit Rüschen am Ausschnitt, das weiße Haar streng gescheitelt und offenbar im Nacken geknotet,

kommt mir entgegen, grüßt freundlich und meint, während sie die Ausstellung verlässt, frei nach Heinrich Heine: „Die Stadt hat nichts dazugelernt. Wir leben noch immer in einer bedeutungsschweren Zeit: Tausendjährige Dome werden abgebrochen und Kaiserstühle in Rumpelkammern geworfen. Das Denken ist so schmalspurig und labyrinthisch wie die Gassen, die sich Straßen nennen, und stolpert über ein Pflaster so holperig wie Berliner Hexameter."

Die Dame dürfte schwer zu widerlegen sein, denke ich noch, drehe mich auf der Schwelle um. Von der Lady keine Spur, nur ein zarter Parfümhauch streichelt meine Nase. So schnell kann sie doch nicht verschwunden sein! Ich gehe zurück über den Hof. Magnolie, der Duft des Parfüms, es roch nach Magnolie. Oder spinn ich? Der Magnolienbaum im Museumshof, eine einzige Blütenpracht und der Duft ...! Von wegen Parfüm der alten Dame. Aber wo ist sie hin? Die nette Kassiererin im Foyer schüttelt nur den Kopf und meint, ich sei die einzige Besucherin.

Irritiert verlasse ich das Foyer. Ich leide doch nicht unter Halluzinationen. Habe sie doch gesehen. Sie hat mich begrüßt und sich über Goslar beschwert. Das bilde ich mir doch nicht ein. Oder etwa doch? High Noon im Museum, Mitte Mai und sehr warm. Der Magnolienduft umfängt mich, süß-herb die Sinne und den Verstand betörend?! Systematisch suche ich das Museum ab. Nirgends eine alte Dame, nicht im Biedermeier, nicht bei der Apotheke. Vielleicht schaut sie sich in der Dunkelkammer die berühmte Bergkanne an? Nichts. Nicht bei den Münzen und auch nicht in der jüngeren Vergangenheit. In der naturwissenschaftlichen Abteilung keine Spur. Der Duft der alten Dame wabert durchs Gemäuer. Ach was, das ist die Magnolie. Ich schaue auf die Uhr. Gleich trifft sich der Museumsverein. Eigentlich wollte ich nur die Kirchenkunst ansehen, mich ein wenig fitmachen für den Museumstag am Wochenende, schließlich soll ich Interessierte führen.

Da kommen schon die ersten schwatzend die Treppe herauf. Begeisterte Stimmen: „Die Magnolie, ist sie nicht wunderschön?"

„Wie herrlich sie duftet!"

„Heute geht es auf den Dachboden ins Magazin. Inspektion, was können wir für die Ripe-Ausstellung gebrauchen?"

„Es soll dort eine Kiepe geben und Biedermeierschirme."

„Wir brauchen Stellwände."

„Und irgendetwas, um die kostbaren, gerade erworbenen Stahlstichplatten zu präsentieren."

„Überall riecht es nach Magnolie."

Wenigstens spinne ich nicht, was diesen Duft betrifft. Zusammen mit dem Hausmeister und dem Museumsleiter steigen wir auf den Dachboden. Hitze und Staub, vermengt mit zartem Magnolienduft, umfängt uns. Selbst hier rieche ich noch den Baum. Oder doch den Duft der alten Dame?

Ich bin das erste Mal hier oben und staune: wunderbare Möbel und Kachelöfen, Heiligenfiguren. In einem Raum gesellt sich Porzellan zu Jagdutensilien. Dazwischen werden Burschenschaftsbecher vermutet. Sie lassen sich aber auf die Schnelle nicht finden. Im Regal gegenüber stehen altertümliche Bücher. Der Museumsleiter zieht eine große, in Leder gebundene Schwarte aus dem Regal. „Das", so erklärt uns eines der langjährigen und verdienten Mitglieder, „ist das älteste und wertvollste Buch der Stadt, ein Kochbuch aus dem 16. Jahrhundert, nach dem auch das Kaisermahl ausgerichtet wird." In seiner freundlich bestimmten Art erzählt er, dass es das letzte Exemplar einer kostbaren Autographen- und Urkundensammlung des Konsuls Walter Adam sei. Der Stadt wurde die Sammlung für zwei Millionen DM angeboten. Als wertlos erachtet, war den Goslarern die Sammlung zu teuer. Auf einer internationalen Auktion wurde sie dann für zig Millionen nach Heidelberg verkauft. Ich muss an den Kommentar der alten Dame denken.

In gewisser Weise ist auch das Magazin eine Rumpelkammer, in der so mancher Schatz verstaubt. Das Museum ist nicht groß. Dicht an dicht hängen an engen Trennwänden jede Menge Ölschinken. Wir quetschen uns dazwischen durch, auf der Suche nach einem Ripe-Gemälde. Vergeblich. Neben viel Kitsch mit röhrenden Hirschen oder Auerhahn schlummert hier manches Schätzchen.

In der Naturwissenschaftlichen Abteilung starren uns von den Wänden herab und aus alten Vitrinen ausgestopfte Tiere an, darunter ein Auerhahn, ein Harzer Brocken-

elch und die sehr seltene Goserobbe, Relikte aus Schulsammlungen, wie die umgekippten Piepmätze in Kartons oder abgebrochene Korallen. Wunderbare alte Vitrinen erwecken unsere Begehrlichkeit. „Diese wäre super für die Ausstellung", höre ich mich ausrufen. Allgemeine Zustimmung, aber ein Storno durch den Hausmeister. „Lässt sich nicht hinuntertransportieren, passt durch keine Tür."
„Bitte? Wie ist sie heraufgekommen?"
„Na, vor dem Umbau des Museums."
Wie recht die alte Dame doch hat.
Der Raum wird unterteilt durch ein großes Regal. Es ist bis zur Decke hoch voll mit Ausgrabungsschätzen und einer gewaltigen Scherbensammlung. Arbeit bis zum Jüngsten Tag für die Restaurationsgruppe, denke ich noch, vergesse die anderen und wandere gedankenverloren durch die Gänge. Ich lasse die Schatz- und Wunderkammer auf mich wirken. Der Staub kitzelt in der Nase. Es riecht nach altem Zeug, Dachboden und nach Magnolie. Der Duft wird stärker. Am Ende des Ganges sehe ich einen fast blinden Biedermeierwandspiegel mit Schinkeldreieck, Mahagonifurnier und goldenen Schleifen-Ranken-Blümchenapplikationen. Nur schemenhaft sehe ich mich in ihm auf mich zulaufen.

In Gesichtshöhe wische ich den Staub von der Spiegelfläche. Zwischen den Wischspuren schaut mich – Panik steigt in mir auf – die alte Dame an. Sie lächelt. Ich springe entsetzt zurück. Ihr Duft strömt zu mir herüber. Wo sind die anderen? Ich höre sie nicht mehr schwatzen und beraten. Stattdessen gewahre ich, wie die Lady mit ihrem Spitzentaschentuch den Spiegel säubert. Bald ist sie ganz zu sehen. Um sie herum bleibt der Spiegel blind. Sie rafft leicht ihren langen Rock und tritt grazilen Schrittes heraus. Ich spiegele mich in ihrer Silhouette, weiche zurück und mit mir mein Spiegelbild. Stolpere rückwärts über einen ausgestopften Fuchs. Eine Wolke von Staub und winzigen Motten stiebt empor. Hustend stürze ich zu Boden und reiße Gevatter Reinecke mit mir. Über mir ein Lachen wie altes Silber, eine weiß behandschuhte Hand bietet mir ihre Hilfe an, eine andere versucht den Staub wegzuwedeln. Ich schaue in das freundliche Gesicht der alten Dame, der Magnolienduft überdeckt den Muff des Dachbodens. Sie hilft mir auf.

„Wer sind Sie?" stammle ich.

„Ich? Sagen wir, ich bin der Genius Loci. Obgleich das grammatikalisch nicht ganz richtig ist. Jeder Ort hat eine bestimmte Aura, abhängig von den Objekten, von der Geschichte und den Geschichten, die um sie und den Ort ranken. Museen sind besondere Orte, Sammlungsorte geschichts- und geschichtenmächtiger Dinge. Sie bestimmen die Aura des Ortes, ihren Geist. Geist aber ist nichts anderes als Energie. Sie kennen doch die Relativitätstheorie. Energie und Masse sind äquivalent. Ich bin sozusagen die Äquivalenz zur Aura dieses Ortes und deren materialisierte Personifikation. Ich bin Hedwig."

„Und Sie wohnen in diesem Spiegel?"

„Oh, nein. Ich wohne im Museum. Ich habe nur einen Kollegen besucht." Sie geht zum Spiegel. Beugt sich leicht

vor und steckt ihren Kopf hindurch. „Herbert!" höre ich sie rufen. „Herbert! Komm doch mal rüber. Ich will dich jemandem vorstellen! Er kommt gleich", sagt sie, während sie sich zu mir umdreht. „Herbert ist ein wenig exzentrisch, wundern Sie sich also nicht über seinen Auftritt."
Zuerst sehe ich einen, ich glaube es kaum, Beuyshut. Den Kopf darunter kann ich nicht erkennen, so tief hat er ihn ins Gesicht gezogen. Dem Hut folgt mit Schwung eine alte graue Filzdecke. Aus der Filzdecke kommt eine Hand, greift zum Hut und entbietet einen Gruß in meine Richtung. „Gestatten, Herbert!"
Oh Mann! Er hat den für Künstlerporträts typischen stier-fixierenden Blick, das rechte Auge unergründlich verschattet. Liegt es nur an dem Hut, den er wieder auf sein Haupt gesetzt hat? Der andere filzummantelte Arm erscheint. Schlanke Finger streichen sein graumeliertes Zottelhaar zurück. „Meine Liebe, lohnt es sich, dass ich dieses bescheidene Haus betrete?"
„Ach Herbert, ich habe hier netten Besuch aus unserem Museumsverein."
„Ah! Der Museumsverein eines Provinzmuseums ist gewiss drittklassig. Nein, das ist unter meiner Würde."
„Aber Herbert, du sprichst doch auch mit mir. Bin ich für dich ein drittklassiger Genius Loci?"
„Hedwig, nun ja, du bist ganz reizend, aber ..."
„Sag nichts, was du später bereust. Wenigstens nicht, wenn du in der Bridgerunde bleiben willst. Außerdem bist

du auch ein Provinzgeist eines Provinzmuseums. Jetzt hab dich nicht so!"

„Na gut. Aber, ich bestehe darauf, das Mönchehaus ist ein ganz besonderes Museum von überregionalem Rang, schließlich richten wir den Kaiserringpreis aus, und wir präsentieren internationale moderne Kunst von höchstem Rang, Künstler wie Beuys, Immendorf, Riley, Boltanski oder Lynch."

Er schreitet aus dem Spiegel und baut sich vor uns auf, ein Hemd voller Farb- und Fettflecken.

„Ihr hingegen habt höchstens zweitklassige Lokalgrößen wie Ripe, Nickel oder, na ja, auch Themistokles von Eckenbrecher. Aber den habt ihr ja gar nicht! Und erst euer ganzer Trödel und das bisschen, was die Goslarer von der Stiftskirche übrig ließen, und, nicht zu vergessen, den unbedeutenden Rest der einstmals bedeutenden Fenknerschen Sammlung historischer Kunstschätze. Ha, die Goslarer waren so dumm und borniert, dass sie 1889 die Sammlung als wertlos zurückwiesen. Dabei wollte der verarmte Emil Fenkner mit seinen 68 Jahren nur eine Rente dafür. So wurden unersetzliche Dokumente Goslarscher Vergangenheit in alle Richtungen zerstreut. Jeder anständige Sammler kämpft gegen die Zerstreuung. Ihr bildet euch etwas ein auf das Goslarer Evangeliar und die Bergkanne. Trauern solltet ihr über eure Verluste und die Kunst- und Kulturgüter der Gegenwart sammeln! Die Gegenwart ist die Vergangenheit von morgen! Oder seht auch ihr das Potential nicht? Dann jammert nicht, wenn

Wertvolles für euer Museum verloren geht! Allerdings, bei eurem Etat, geradezu lächerlich..."

„Jetzt ist aber gut!" Hedwigs hohe Stirn kräuselt sich in Zornesfalten. „Ja, wir sind ein kleines Stadtmuseum. Wir sammeln und bewahren die Zeugnisse unserer Geschichte, so gut wir können. Wir stellen sie in einen historischen und aktuellen Kontext. Wir sind das Gedächtnis Goslars, Schicksalsdeuter und Zukunftsweiser. Ohne uns litte die Stadt an progredienter Demenz. Ja, und es ist wahr, unser Etat ist erbärmlich! Eine Schande! Damit lässt sich schwerlich gegen das Vergessen arbeiten oder gar Aktuelles sammeln. Was wären wir ohne die wackeren Streiter des Museumsvereins. Gar nicht auszudenken. Sie sind meine Helden."

„Schon gut, meine Liebe. Du hast ja recht. Wie sagte schon Beuys: Jeder Mensch ist ein Künstler und wahrscheinlich auch ein Sammler."

Die beiden haben mich bei ihrem Disput ganz vergessen. „Aber", bringe ich mich in Erinnerung, „wie funktioniert der Spiegel? Ist das ein Tor zum Mönchehausmuseum?"

Herbert schaut mich an, als wäre ich komplett debil. „Was für eine Frage! Das ist selbstverständlich ein Tor zu jedem Museum des Universums, ja, allen Museen des Multiversums. Wie kann man nur so unwissend sein."

„Aha! Erstaunlich. Wie funktioniert das?"

Bevor Herbert loslegen kann, gebietet Hedwig ihm mit einer wirschen Handbewegung zu schweigen.

„Das ist doch ganz einfach", sagt sie. „Allgemeine Relativitätstheorie: Raum und Zeit sind zur Raumzeit vereinheitlicht. Masse und Energie sind äquivalent. In jedem Museum, ja, jeder Sammlung, gibt es viel musealen Plunder, also Masse und entsprechend der Formel $E = mc^2$ sehr viel Energie, einschließlich der Aura des Ortes, also unserer Wenigkeiten. Energie krümmt die Raumzeit, abhängig natürlich von der Größe des Museums. Im Goslarer Museum, im Mönchehaus und im Zinnfigurenmuseum krümmt sie sich natürlich nicht so stark wie im Senkenbergmuseum in Frankfurt oder im New Yorker Guggenheim oder der Nationalgalerie in Berlin, aber sie krümmt sich. Jede noch so bescheidene Sammlung ist ihre eigene kleine Welt, ihr eigenes kleines Bezugs- und Verweisungsgefüge, in dem das Schicksal ihrer Gegenstände deutbar wird. Der Spiegel ist der Eingang zu einer Einstein-Rosen-Brücke, ein Wurmloch. Unser Wurmloch ist nicht so groß wie das des Museums für Geschichte in Berlin, aber mit etwas Geschick gelangen wir in jedes Museum des Multiversums, denn jedes Museum, auch das bescheidenste, befindet sich im sogenannten M-Raum, dem Phasenraum aller Museen. Dieser M-Raum ist wiederum ein Museenmultiversum, die Museumsphysiker sprechen hier kurz von Muversen, mit unendlich vielen Museumswelten, großen, wie das Astroarchäologische Museum auf CoRoT-7b im Sternbild Einhorn, oder kleinen, wie das Goslarer Museum am Rande eines Spiralarms unserer Milchstraße, oder das Museum für verlorene Intergalaktische Reiseführer im Nebenraum des Restaurants *Am Ran-*

de des Universums auf der Grenze unserer 3-Bran-Welt mit grandiosem Blick auf den Dimensionsabgrund des Bulks.[1] Haben Sie schon mal etwas von der M-Theorie gehört, der großen Variante der Stringtheorie?" Ich nicke schwach und eingeschüchtert. Eine alte Dame, die mir einen Science-Fiction-würdigen Vortrag über die Physik der Muversen hält und dabei nach Magnolien duftet, ist ein wahrlich seltenes und seltsames, für mich gar singuläres Ereignis.

„Aber das hat etwas mit Quanten zu tun", fährt sie fort, „und einer Vereinheitlichung von Relativitäts- und Quantentheorie. Versteht sowieso keiner. Doch so funktioniert

---

[1] Als Bulk (von engl. *bulk* für Gros) wird in der mit Branenmodellen arbeitenden String- und M-Theorie Edward Wittens von 1995, die alle fünf Versionen der Stringtheorie vereinheitlicht, ein höherdimensionaler Raum bezeichnet, in dem alle niederdimensionalen Branenwelten eingebettet sind. Es wird von sieben beziehungsweise acht zusätzlichen Dimensionen neben den uns bekannten drei (Höhe, Tiefe, Breite) ausgegangen. Unsere Welt liege demnach auf einer 3-Bran. Abgeleitet von Membran werden als Branen ausgedehnte Objekte der Stringtheorie bezeichnet: Ein String ist eine 1-Bran, eine Membran eine 2-Bran und so weiter. Eine p-Bran, nicht zu verwechseln mit der im Multiversum berühmt berüchtigten Astropunkrockband *The P(ea)-Bra(i)ns (Die Erbsenhirne),* hat p Raumdimensionen. Branen sind Subräume im Hyperraum oder dem Bulk als Großraum. Während die Teilchen des Standardmodells der Teilchenphysik in der 3-Branwelt gefangen sein sollen, könne das Graviton, welches die Schwerkraft vermittelt, das Bulk durchqueren. Der dadurch auftretende Verdünnungseffekt kann die schwache Gravitation der 3-Branwelt erklären. Bulk und Bran können, wie in der Relativitätstheorie mit ihren vier Dimensionen (drei Dimensionen des Raums und eine der Zeit), mit einer Raumzeit beschrieben werden. Die Branen entsprechen unterschiedlichen Universen, so dass das Bulk das umfassende Multiversum wäre.

das Multiversum nun mal. Es schert sich nicht darum, ob wir es verstehen." Ich denke noch, der Magnolienduft ist möglicherweise der Flavor bestimmter Quarks, die die Lady in ihrer quantenmechanischen Überlagerung aller nur möglichen musealen Zustände ausströmt. Schrödingers Katze, sei sie nun tot oder lebendig, lässt grüßen. Entschwindet dort nicht gerade ein Kater zwischen den Keramikscherben? Da höre ich die anderen schwatzend und lachend näher kommen.

Herbert zieht seinen Hut und verdrückt sich hinter den Spiegel über die Einstein-Rosen- oder Magnolien-Brücke zurück ins Museum für Moderne Kunst. Hedwig lächelt, und – schwups – entmaterialisiert sie sich. Flirrender Staub umglitzert den Trödel und Reinecke Fuchs, der mich mit seinen Glasaugen anblitzt und mir mit hochgezogenen Lefzen seine Reißzähne zeigt. Zurück bleibt ihr zarter Duft. Zwischen den Scherben hängt noch einen kleinen Moment lang das Grinsen des Katers.

Am Ausgang werfe ich dem Bettelmönch ein paar Euros ins Säckel, ein paar Euros gegen die kollektive Demenz. Deo Gratias.

Peter Baier

Oberharzer Idylle

Ganz am Ende des Zuges hilft ein Soldat einer der ausgemergelten Gestalten wieder auf die Beine. Der entkräftete Mann torkelt weiter, der junge Soldat stützt ihn am Arm, zieht ihn mit sich, redet auf ihn ein.

Ein anderer Uniformierter geht auf die beiden zu. „Was soll das?" herrscht der Vorgesetzte den Soldaten an. „Wir sind doch nicht beim Roten Kreuz, Mann! Der schafft es sowieso nicht, der ist zu nichts mehr nütze." Er hält seine Maschinenpistole auf den etwa Fünfzigjährigen in der längsgestreiften grauen Häftlingskleidung gerichtet.

„Das ist mein Lehrer ... mein früherer ... Deutschlehrer!" stammelt der junge Mann.

„Geh weiter, geh nach vorn!"

Als der Soldat zögert, schreit ihn der Ältere an: „Das ist ein Befehl!" und fügt halblaut hinzu: „Das hier übernehme ich."

Der junge Mann holt Luft, um etwas zu sagen, doch der kalte, stechende Blick des anderen erstickt jedes weitere Wort, und der energisch geschwenkte Lauf der MP40 weist ihm unmissverständlich die Richtung. Er lässt den Arm des Gefangenen los. Mit hastigen Schritten schließt er die Lücke zu der langen Kolonne vor ihm.

Sekunden später hört er einen Schuss, einen einzigen trockenen Pistolenschuss. Sie müssen Munition sparen.

„Was hast du denn, Opa", fragt Fabian, „ist dir schlecht?"

Sein Großvater schreckt auf, als habe er geschlafen. „Schon gut, mein Junge, es ist nichts. Entschuldige, mir ist nur eben was eingefallen", sagt er nach kurzer Pause. „Sprich weiter! Wie heißt der See in der Nähe von Clausthal-Zellerfeld, in dem du so gern badest?"

„Ziegenberger Teich, bei Buntenbock, ein paar Kilometer südlich von Clausthal ist das", antwortet Fabian und sieht seinen Großvater prüfend an.

Der alte Mann wirkt so verstört, dass man sich richtig Sorgen um ihn machen könnte. Doch dann nickt er seinem Enkel auffordernd zu, und Fabian erzählt weiter von seinen Wochenendausflügen.

Er ist jedes Mal aufs Neue beeindruckt, wenn er nach einer guten Stunde Fahrt aus der Retortenstadt Wolfsburg in die ganz andere Welt des Harz kommt, im Winter fast jeden Sonntag, um Ski zu laufen, im Sommer oft zum Baden.

„Weißt du", sagt Fabian, „als Ingenieur beeindruckt mich besonders, dass diese herrliche Landschaft tatsächlich aus industriellen Anlagen entstanden ist."

Die Oberharzer Seen, erklärt er seinem Großvater, sind künstlich angelegt, kleine Talsperren. Ohne das raffinierte System aus Teichen und Gräben, kleinen Kanälen, wäre der Bergbau, der den Harz über Jahrhunderte prägte, nicht denkbar. Durch die Kraft zugeleiteten Wassers wurden Fördereinrichtungen, Pumpen und Gebläse betrieben, Ableitungskanäle verhinderten das „Absaufen" der Gruben.

„Ein richtiges Kunstwerk der Technik ist das, Opa!"
Den Ziegenberger Teich findet er besonders reizvoll. Letzten Sonntag hat er sich einen abgeschiedenen Platz auf der romantischen Landzunge an der Nordseite des Sees gesucht. Hier liegen, in kleinen Lichtungen zwischen Bäumen und Büschen, die Leute, die ihre Ruhe haben möchten. An diesem Ufer, gegenüber dem offiziellen Badegelände, kann man Wasser und Sonne ohne lästige Badekleidung genießen. Wie die zwei hübschen jungen Mädchen, die in der nächsten Bucht nackt im Gras lagen. Fabian zwinkert seinem Opa zu und lächelt selig. „Und ein ganz besonderes, seidig weiches Wasser hat der See. Herrlich ist das, Erholung pur. Da ist die Welt noch in Ordnung, man könnte meinen, die Zeit sei stehengeblieben."

Seit sein Enkel ihm von seinen Ausflugsfahrten erzählt und von den Oberharzer Seen geschwärmt hat, träumt Manfred wieder fast jede Nacht vom Marsch mit den KZ-Häftlingen. Anfang April 1945 war das, von Gandersheim nach Wernigerode.

Vor der St.-Salvatoris-Kirche in Zellerfeld soll eine kleine Tafel zum Gedenken an den „Todesmarsch" stehen. Herbert, ein ehemaliger Kamerad, hat ihm das erzählt, der war vor ein paar Jahren mal dort. Aber vermutlich nimmt diese Gedenktafel kaum einer wahr. Unmittelbar vor der Kirche, hat Herbert berichtet, veranstalten sie jede Woche einen Bauernmarkt, mit Blasmusik, Bier und Wein, Würstchen und Braten vom Grill.

In dieser Kirche haben sie damals die vierhundertfünfzig Häftlinge über Nacht einquartiert. Die meisten hatten Durchfall. Manfred weiß noch heute, wie widerlich es in der Kirche gestunken hat. Am nächsten Morgen, kurz hinter Clausthal, am Hirschlerteich, haben sie die ersten Entkräfteten erschossen.

Eine halbe Stunde später, ungefähr auf der Höhe von Buntenbock, muss es dann gewesen sein, diese fürchterliche Szene, die er niemals wird vergessen können. Nur ein paar Kilometer entfernt von Fabians schönem Teich.

Heute Morgen ist Manfred einmal mehr schweißgebadet aufgewacht. Alles ist wieder da gewesen, ganz nah, ganz genau, als ob nicht mehr als sechzig Jahre vergangen wären: der SS-Hauptscharführer, die Maschinenpistole, der vor Angst und Schwäche zitternde Häftling, der einmal einer seiner liebsten Lehrer gewesen war.

Er hat ihn fast nicht erkannt damals. Plötzlich stand Dr. Rosenberg ihm gegenüber. Kurz hinter Bad Grund war das. Der einst kräftige Mann war nicht nur völlig abgemagert, er war regelrecht entstellt. Er war seiner Würde beraubt.

Manfred übernahm den Posten am Ende der Kolonne. Er hoffte, der erschöpfte Gefangene würde dort weniger auffallen, könnte vielleicht durchhalten bis Wernigerode. Doch dieser verfluchte Scharführer hatte seine Augen überall. Dieses elende Schwein! Knallte Dr. Rosenberg einfach ab. Und Manfred tat nichts dagegen, war zu schwach, etwas dagegen zu tun.

Er war damals so alt wie Fabian heute. Bei der SS war er, weil er zur Elite gehören wollte. Es war Idealismus, in vielen Jahren anerzogener falscher Idealismus. Man kann das heute nicht erklären, die verstehen das nicht. Wie das war mit dem Jungvolk, der HJ, mit der Jugendweihe, wie man von der Begeisterung getragen wurde, von der Gemeinschaft. Man hatte einfach keine Zweifel, nicht die geringsten Zweifel. Das versteht heute keiner.

Nach dem Pistolenschuss, nach diesem trockenen Knall, hat er sich am Wegrand übergeben.

„Reiß dich zusammen, du Memme!" schnauzte der Scharführer ihn an.

Er hat sich zusammengerissen. Zum Stieglitzeck steigt die Straße steil an, da mussten sie wieder zehn erschöpfte Häftlinge aussortieren und erschießen.

Am Stieglitzeck, hat Fabian bei seinem letzten Besuch erzählt, beginnt die Loipe „Auf dem Acker" zur Hanskühnenburg. Über den Reitstieg geht's zurück. Von dort hat man eine herrliche Aussicht über den Harz nach Westen, weit ins Land. Und die im gefrorenen Schneemantel erstarrten Fichten da oben auf dem Bergkamm! Wie gebückte Wichtelmännchen sehen sie aus.

Oft fegt ein eisiger Wind da oben, aber einmal hat er dort einen phantastischen Sonnenuntergang hinter blutroten Wolkengebilden erlebt. Eine großartige Rundtour ist das, ungefähr vierzehn Kilometer lang. Und auf der Hanskühnenburg gibt's eine prima Erbsensuppe.

„Wie früher, Opa", hat Fabian gesagt, „wie zu deiner Zeit. Es würde dir im Oberharz bestimmt gefallen."

Clausthal.

Christiana Baier

Heim nach Lautenthal

Fuhrmann Bosse hielt die Pferde an. „Kopf hoch, Lina. Im Sommer heiratste, und dann hat die Plackerei ein Ende." Schwerfällig stieg er ab vom Wagen, half dem jungen Mädchen hinab und hob ihr die Kiepe hinunter. „Machs gut, Lina! Wird schon wieder." Hier am Steimker Loch, wo er geschlagenes Holz abzufahren hatte, war der halbe Weg bis Wildemann schon geschafft. Lina war froh, dass der Großvater gestern Abend noch losgegangen war und für sie gefragt hatte. Sie klopfte den Schnee ab vom Schultertuch und setzte die Kiepe auf. Schwer drückte das Gewicht auf den wunden Rücken. Mühsam kämpfte sie sich die Landstraße bergauf.

Gestern beim spiegelglatten Abstieg vom Schulberg war sie ausgerutscht und hinten übergeschlagen. Die Kiepe hatte den Sturz zwar abgefangen, aber ihr erbärmlich das Kreuz ramponiert. Heulend hatte sie im Schnee gelegen. Irgendwie hatte sie sich noch das letzte Stück bis ins Dorf geschleppt. Die Mutter hatte die Hände gerungen, der Großvater nur still die Fäuste geballt, als sie endlich angekrochen kam.

Jlsenstein.

„Verfluchtes Leben! Wenn das Mädchen bloß bald verheiratet wär!" hatte die Mutter gejammert und die warmgehaltene Suppe auf den Tisch gestellt. Hübsch war sie, die Lina, vom Angesicht, aber die ersten Besenreiser traten schon hervor.

„Unsere Lina quält sich die Knochen kaputt, und die gnädigen Frolleins in Clausthal sitzen gemütlich auf dem Sofa und trinken heiße Schokolade", hatte der Großvater geschimpft und Holzscheite nachgelegt, um Lindenblütentee zu kochen. Lina hatte es oft gesehen, wie die Mädchen in der warmen Stube saßen, den Stickrahmen in der Hand, die Schokoladentasse vor sich, wenn sie ihre Stoffe, ihre Borten oder sonst was ablieferte. Einmal, ein einziges Mal, hatte man auch ihr davon angeboten im Hause des Berghauptmanns. Köstlich hatte die Schokolade geschmeckt und ihr den Leib gewärmt für den weiten Heimweg.

Schnee war gefallen über Nacht, während sie lange Stunden geschlafen hatte. Zehn Stunden Ruhe im warmen Bett. Am Morgen schien ihr der Rücken etwas besser geworden. Dennoch wäre Lina gern noch liegen geblieben, aber der Auftrag musste dringend erledigt werden. Die Mutter hatte schon einen anderen Verdienst für den Tag, und der alte Großvater kam mit seinen kaputten Knien nicht mehr die Berge hinauf. So musste sie sich wieder auf den Weg machen.

Nach einer Stunde beschwerlichen Marsches hatte sie Wildemann erreicht. Hier im Dorfe hatte sie heute nichts abzugeben. Vor dem Gasthaus „Zum Wilden Mann" setzte sie die Last ab und rieb sich den schmerzenden Rücken. Erschöpft lehnte sie sich an die Hauswand und schloss die Augen. Hier hatte sie vor fast zwei Jahren beim ausgelassenen Maientanz ihren Kuno kennengelernt und sich an Weihnachten drauf mit ihm verlobt. Hier im Gasthaus sollte dieses Jahr auch ihre Hochzeit gefeiert werden, wenn sie ihre Aussteuer beieinander hatte. Die Schwiegereltern bestanden auf einer anständigen Ausstattung, und die Mutter war eine arme Witwe und konnte ihr nur wenig mitgeben. Vieles an Wäsche fehlte noch. So hatte sie sich angewöhnt, jede Lieferung anzunehmen, die sie irgendwie schleppen konnte.

Sie dachte an ihren Kuno und geriet ins Träumen, bis sie die besorgte Stimme der Wirtin vernahm. „Es geht schon wieder." Lina schulterte die Kiepe und grüßte zum Abschied. Unter äußerster Anstrengung schleppte sie ihre Last den steilen Weg am Badstubenberg hinauf. Gott sei Dank war der Anstieg dick mit Asche gestreut. Auch das Schneetreiben hatte nachgelassen. Eine Schar von Kiepenfrauen, die es eilig hatten, überholte sie und war bald außer Sicht.

Als sie Zellerfeld erreichte, war sie heilfroh, den schweren Leinwandballen gleich abliefern zu können. Die Bäckersfrau steckte ihr außer dem Weglohn noch ein frisches Milchbrötchen zu. Eine halbe Stunde blieb Lina in der warmen Backstube sitzen. Fuhrmann Kempe, mit dem sie gut stand und auf den sie im Stillen gehofft hatte, war heute schon vorüber. Sie erhob sich schwerfällig und band das wieder getrocknete Kopftuch um. Die Kiepe war nun spürbar leichter, aber das harte Holz des Bodens drückte ihr ins blutunterlaufene Kreuz.

In Clausthal hatte sie nur eine Nachricht zu überbringen. Die ältere Witwe lud sie ein ins geheizte Stübchen und bot ihr eine Tasse heiße Ziegenmilch. Eigentlich war es ein guter Tag. Wenn nur der zerschundene Rücken nicht wäre! Nun noch draußen am Marienschacht die harten Mettwürste abgeben und das schwere Wäschepaket in Buntenbock abliefern. Noch anderthalb Stunden sich quälen. Stöhnend lud sich Lina die Last wieder auf den Buckel.

Der Weg kam ihr heute endlos vor. Das Schneetreiben wurde wieder dichter. Lina schleppte sich die ansteigende Straße hinauf. Die Tragriemen schnitten in die Schultern ein. Der Rücken schmerzte erbärmlich. Der freundliche Pförtner nahm die Würste entgegen und schenkte ihr einen Korn ein. „Zum Aufwärmen", sagte er.

Jetzt noch gut eine halbe Stunde bis Buntenbock. Dann konnte sie die schwere Last endlich abgeben. Ob sie nicht lieber hierbleiben sollte über Nacht? Oma Hintreich hatte sicher ein Bett frei. Die Alte würde sich über ein paar Übernachtungsgroschen freuen. Die eisigen Füße schmerzten in den nassen Strickstrümpfen. Der Sturm trieb ihr den Schnee in die Augen. Wie sehnte sie sich nach Ruhe und einem warmen Trunk! Dasitzen auf der Ofenbank und spüren, wie der heiße Tee die Kehle hinunterläuft. Aber vorher musste sie schnell noch die neue Ware abholen, damit ihr nicht eine andere den Verdienst wegschnappte. Morgen wollte sie dann gleich ganz früh aufbrechen und die Berge wieder hinabsteigen.

Wenn es doch bloß aufhören würde mit dem Schneien! Die Sicht wurde immer schlechter. Sie musste aufpassen, dass sie sich nicht verirrte. Aber in der Ferne sah sie schon die ersten Lichter. Nur noch die Wiese hinunterlaufen und auf die kleine Baumgruppe zuhalten, hinter der die Fenster leuchteten.

Hier war noch vor kurzem jemand gegangen. Die Fußstapfen wiesen ihr den Weg zum Dorf. Tag für Tag diese Schinderei! Der Winter dauerte elend lange dieses Jahr. Mühsam stapfte sie voran, die immer schwerere Last gegen den scharfen Wind anschleppend. Bald waren die Spuren im Schneegestöber verweht.

Plötzlich gab der Boden nach. Ein leichtes Knacken in der Stille. Erschrocken fuhr Lina aus ihren Gedanken hoch. Sie spürte Wasser an den Füßen. Hastig wandte sie sich um, um zurückzulaufen, doch ihre Füße verloren den Halt. „Um Gottes willen! Ein Teich!" Eisige Nässe durchdrang ihre Kleider. Durch die schwere Last sank sie ab wie ein Stein. Das Frühjahr, Kuno, die Hochzeit! schoss es ihr durch den Kopf. Sie spürte Grund unter den Füßen und riss die Kiepe von den Schultern. Wild strampelte sie sich wieder nach oben und prallte mit dem Kopf gegen das Eis.

Gegen Ostern, nach der Schmelze, brachte man sie heim nach Lautenthal.

Beatrice Nunold

Neulich am Herzberger Teich[1]

Endlich scheint die Sonne zwischen Regengüssen, Hagel- und Schneeschauern. Dieses Jahr will es gar nicht Frühling werden.

„Von wegen globale Erwärmung", lästere ich. Immerhin, es ist Wochenende, und das bisschen Sonnenschein lockt zu einem Spaziergang mit unserem Schneckchen. Die hatte sich genüsslich des Nachts im Garten durchregnen lassen und lag zufrieden im Matsch.

Auf den Ruf: „Los, Amanda, willst du mit?" sprang sie auf, schüttelte den Regen weit von sich, wedelte mit dem Schwanz und bellte vergnügt. Ihre rechte Flanke, die Schnauze und natürlich ihre breiten Zottelpfoten ließen nur erahnen, dass sie einmal weiß waren.

Unser großes weißes Matschmonster trottete neben uns her, zunächst die Rammelsberger Straße hinauf. Die Sonne hatte Spaziergänger herausgelockt, die meisten immer noch dick vermummt. Einige schauten grinsend hinter unserer Schmuddelschnecke her. Die wissen nicht, wie die aussieht, wenn wir aus dem Wald zurückkommen! Insgeheim hegte ich die Hoffnung, Madam geht im Herzberger Teich schwimmen und reinigt sich auf natürliche Weise.

Hinter dem Theresienhof ging es in den Wald. Der Boden war aufgeweicht mit vielen wundervollen Schlamm-

---

[1] Im Gedenken an unsere sanfte, liebe Samojedenhündin *Amanda*, die am 2. August 2009 verstarb.

löchern. Schneckchen ließ keines aus. Unter ihrem langen, einstmals weißen Bauchfell klebte dunkler Waldbodenmatsch. Jetzt legte sie sich auch noch zufrieden und glücklich in so einen Moderpfuhl.

„Da hilft nur noch der Herzberger Teich, und wir nehmen einen anderen Weg nach Hause", sagte Uwe laut, was ich im Stillen dachte.

„Findest du nicht", meinte er auf einmal, „dass es stark nach Wald riecht? So intensiv habe ich das noch nie empfunden, stärker noch als während der Pilzzeit. Kommt das von der Nässe?"

Ich schnupperte. Auch ich hatte den Geruch wahrgenommen – nicht eigentlich unangenehm, aber sehr intensiv.

„Ja", sagte ich, „es riecht nach Wald, aber nicht nur." Doch wonach? Ich kannte dieses Aroma, wenn auch nicht in dieser Melange von Humus, Fichten, Tannen, fauligem Holz und Laub. Es war eindeutig ein Naturduft.

Vor uns lag der Herzberger Teich. Auf einmal kreischte etwas schräg, laut, krächzend über uns: „Kiu ... Ka ...!" Schnecke kläffte erschrocken. Unsere Blicke gingen in die Höhe. Zwischen den kahlen Ästen hindurch sahen wir etwas, das wir nicht glauben konnten. Ganz und gar unmöglich. Wir sahen uns an. Wieder schrilles Gekrächze. Dann krachte es in den Baumwipfeln. Heftiges Flügelschlagen. Etwas fiel durch die Äste und schlug in eine große matschig-schwarze Lache. Es zappelte. Neugierig baute Amanda sich davor auf, tapste mit ihren Pfoten danach, immer mal wieder ging ihr Blick nach oben. Wieder und wieder heftiges Flügelschlagen. Zwei silbrig-weiße große Vögel zankten und verfingen sich zwischen den Zweigen. „Wenn das Graureiher wären, würde ich sagen: tolles Erlebnis. Habe aber noch nie gehört, dass Reiher so miteinander streiten." Uwe hatte seine Kamera gezückt und fotografierte fasziniert. Das sind nie und nimmer Reiher! Keine langen Schnäbel, eher kräftig, krumm, gelb. War da nicht ein roter Punkt? Kurze kräftige Beine, Schwimmfüße. Enten sind das nicht, das sind ...? Ich glaub's einfach nicht!

„Siehst du auch, was ich sehe?" fragte ich Uwe. Uwe nickte nur, und seine Kamera klickte.

Die Biester hatten endlich voneinander abgelassen, und mit ohrenbetäubendem Gekrächze „Kiu ... Ka ...! Kiu ... Ka ...!" schossen sie in den jetzt nicht mehr ganz so sonnigen Himmel. Eine Regenfront baute sich über dem Rammelsberg auf.

In das Geschrei, ich wage es immer noch nicht recht auszusprechen, der Silbermöwen, mischte sich Amandas Bellen, die um das Schlammloch mit dem zappelnden Etwas herum sprang, ein Fisch, etwa zehn Zentimeter lang. Ich kenne mich damit nicht aus, aber Uwe erkannte sofort: eine kleine Forelle.

„Die gibt es hier in den Bächen", erklärte er.

Er holte eine Tüte aus seiner Manteltasche, die zum Einsammeln der Produkte unseres Hundes gedacht war, und fing den Fisch mit etwas Wasser und natürlich Schlamm.

„Da vorn ist der Bach."

Und dann dieser Geruch. Hier am Bach war er noch intensiver.

Uwe ließ das Forellchen frei. Schnecke watete durch das seichte Wasser und schaute dem Fischlein nach, wie es sich selig-flink in seinem Lebenselement davonmachte, dem sicheren Tod noch mal aus dem Schnabel gefallen.

Jäh heulte Amanda auf. Laut jaulend versuchte sie etwas von ihrer linken Vorderpfote abzuschütteln und stürzte dabei in den kleinen Bach. Uwe sprang hinzu und bekam ihre Pfote zu fassen, ließ aber gleich wieder los. Griff in seine Tasche, zog Lederhandschuhe heraus und über die Hände. Er packte die Pfote erneut. Ich trat näher heran und sah, wie er Schneckchen von einem Hummer befreite. Er hielt das Krustentier hoch. Amanda leckte sich die Pfote.

„Silbermöwen, Hummer? Was ist hier los?" fragte ich.

„Vielleicht", meinte Uwe, „hat jemand einen lebenden Hummer gekauft, sich nicht getraut, ihn zu kochen, und hier ausgesetzt."

„Klar doch. Er wollte sich auch zwei Silbermöwen braten, hat sie dann aber aus Mitleid fliegen lassen, und jetzt kreisen sie über dem Herzberger Teich." Ich wies mit dem Finger in die Richtung.

„Was machen wir jetzt damit?"

Uwe hielt noch immer den zappelnden und mit den Scheren klappernden Hummer hoch.

„Ich koch ihn jedenfalls nicht", machte ich unmissverständlich klar.

„Das ist nicht sein Lebenselement. Das ist kein Salzwasser", stellte Uwe fest. „Die gehören hier so wenig her wie die Möwen."

„Der Geruch", sagte ich, „der Geruch. Es riecht nach See, Meer, nach Tang, Gischt und Fisch."

„Bitte?" Uwe schaute mich skeptisch an. „Wir sind im Harz, hallo, in Goslar."

„Schon", entgegnete ich. „Am Donnerstag hatte ich die Lesung im Café 11, *Der Große Wald*. Du warst dabei. Sagte ich da nicht: *Goslar liegt am Meer*, so wie Shakespeare Böhmen ans Meer verlegt hat?"

„Das war doch nur die Phantasie eines Hoffnungslandes. Das ist real."

„Ja, so real wie die Klimaerwärmung."

„Heute Morgen hast du noch etwas von globaler Eiszeit gefaselt."

„Habe mich wohl geirrt."

„Mach kein Quatsch! Noch ist der Harz nicht meerumschlungen, noch hat Goslar weder Strand noch Hafen", erwiderte Uwe.

„Nein, aber was, wenn das die Vorboten sind?"

„Trice, Möwen verirren sich vielleicht ins Festland, aber doch nicht in den Harz! Und Hummer? Nein! Und um Urzeugung handelt es sich sicher ebenfalls nicht."

„Quantenfluktuation?" fragte ich grinsend.

Uwe legte den Kopf schräg: „Während des Unwahrscheinlichkeitsdrives in *Per Anhalter durch die Galaxis* entstanden spontan ein Pottwal und ein Betunientopf, und du hast wohl zu viel pangalaktischen Donnergurgler getrunken. Es gibt dafür sicher eine ganz rationale Erklärung. Wir kennen sie bloß noch nicht."

„Dann mal los, Sherlock Holmes, machen wir uns auf die Suche danach", scherzte ich noch, als Amanda wie wild zu kläffen und zu knurren begann. Sie gebärdete sich wie ein gefährlicher weißer Wolf, ging in Drohhaltung, zog die Lefzen hoch und entblößte ihr kräftiges, gefletschtes Gebiss. Wir hatten sie noch nie so erlebt. Uns konnte sie doch nicht meinen.

„Lass ihn sofort los, sonst ...!"

Die Drohung kam von hinten. Wir drehten uns um.

Da stand ein nasser, breitschultriger Mann im Matrosenanzug. Seetang hing von seiner Mütze und hatte sich in seinem rotgrauen Bart verfangen. Am Jackett hatten sich Seepocken, Miesmuscheln und Meeresschnecken festgesetzt. Aus seinen Taschen äugten Taschenkrebse, und Winkerkrabben winkten mit ihrer kräftigen Schere. Eine riesige Wellhornschnecke saß ihm auf der Schulter, um die ein Tritonshorn baumelte. Neben sich hatte er einen großen Seesack abgestellt. Der nasse Kerl stank nach Meer und drohte mit einem Enterhaken. Sein wettergegerbtes Gesicht wutverzerrt, blitzte er Uwe mit Augen an, so grau und gischtig wie die tobende See.

„O.k., o.k.", sagte Uwe vorsichtig und setzte das Krustentier ab.

Der Hummer krabbelte zu seinem Herrchen, das ihm die Hand reichte. Es ließ ihn in den Seesack krabbeln, aus dem Wasser schwappte und der Tentakel eines Kraken angelte. Dann blies es in sein Horn. Das Wasser des Herzberger Teiches gebärdete sich wie bei einem Tsunami, aus den Wellen stiegen weitere Gestalten in Matrosenanzügen und kamen auf uns zu. Damit des Schreckens nicht genug, Amanda beruhigte sich gar nicht mehr. Sie baute sich, uns verteidigen wollend, knurrend und bellend vor uns auf. Wir hatten gelesen, dass Samojeden, sonst die friedlichste Hunderasse der Welt, wenn ihre Leute in Gefahr sind, zu Wölfen mutieren und es sogar mit Eisbären aufnehmen. Eisbären hätten uns weniger verwundert als das, was wir sahen.

Stahlstich von Albert Schule nach einer Zeichnung Wilhelm Ripes.
Aus Brückner's Harzs-Berg-Album, Ausschnitt.

Das feuchte Moos um uns hob sich, wuchs in die Höhe und nahm die Gestalt betagter, zierlicher Damen in grünen Kleidern an, mit bräunlichen, kleinblütigen Kopftüchern um die Hutzelgesichter. Die Bäume knarrten, und zwischen ihnen schritten Giganten, sich auf Fichtenstämme stützend. Vom Rammelsberg her, von der anderen Seite des Sees, zog eine Schar kleiner Leute in unsere Richtung. Als sie näher kamen, erkannten wir kräftige

Kerlchen in Bergwerkstracht, die ihre Werkzeuge schwangen und Grubenlichter trugen.

„Wag es nicht noch mal, meinen Freund anzurühren!" sagte der nasse Mann endlich und senkte den Enterhaken.

„Sorry! Er hat unseren Hund gebissen", erklärte Uwe kleinlaut-beschwichtigend. „Ich wollte ihm nichts tun. Den Fisch habe ich doch auch freigelassen. Bloß gibt es hier kein Salzwasser."

„Der Fisch war Futter für unsere Emmas. Kiu ... Ka ...!" intonierte er ebenso krächzend wie seine gefiederten Freunde.

Die beiden Silbermöwen stießen nieder. Eine setzte sich auf die Schulter eines der nassen Kerle. Die andere landete Schneckchen vor der schwarzen Nase und hackte nach ihr. Amanda wich zurück und versuchte gleichzeitig zuzuschnappen.

Plötzlich lachte der nasse Mann, und es klang wie der Schrei einer Lachmöwe. Die anderen stimmten ein. Der Rammelsberg warf das Gelächter zurück, der Wald dröhnte, das Lachen schwoll an, als wären alle Küstenvögel gleichzeitig in die Harzer Bergwelt eingefallen. Die bemoosten Weiber schmunzelten. Die Giganten brachten mit ihrem wilden, rauen Gelächter die Bäume ins Wanken. Die kleinen Bergleute sprangen vergnügt von einem Bein auf das andere und schlugen mit ihren Hämmern und Werkzeugen auf die Felsen und Steine, die aus dem feuchten Boden hervorlugten, dass nur so die Funken stoben.

Als die Gelächterflut verebbt war, trat ein moosgrünes Weiblein auf uns zu und tätschelte Amanda mit ihren dünnen Fingern. Schnecke beruhigte sich, leckte ihr die alte Hand und legte sich friedlich nieder.

„Wir wollten euch nicht erschrecken. Es ist nur so, wir treffen uns hier zu einem Klimakonvent."

Sagte sie „Klimakonvent"?

„Von der noch", und sie betonte das „noch", „von der noch fernen Küste ist eine Abordnung von Klabautermännern zu uns in den Harz gekommen. Na ja, das sind etwas raue Gesellen, auch unsere Wilden Männer", sie wies freundlich lächelnd auf die bartflechtigen Giganten, „aber sonst harmlos wie die Heckelmänner, solange niemand ihren Schützlingen zu Leibe rückt."

„Klimakonvent?" intonierte ich ungläubig, froh die Stimme wiedergefunden zu haben.

„Die Menschen haben das Weltklima versaut!" dröhnte ein Wilder Mann, und seine Bartflechten im verwitterten Gesicht zitterten zornig.

„Oh, wir sind von der Naturschutzfraktion. Wir versuchen, etwas dagegen zu tun", entgegnete Uwe kleinlaut.

„Wasser auf den heißen Stein! Wasser auf den heißen Stein!" stimmten die kleinen Heckelmänner ein Spottlied an und schlugen mit ihren Werkzeugen den Takt.

„Wir", sagten die Klabautermänner unisono, es klang wie das Rauschen des Meeres und des Sturms, der die Gischt über den Strand jagt, „wir wollen unsere bilateralen Beziehungen verbessern. Schließlich steigen die Meere, und unsere Lebensräume rücken zusammen. Wir Elementar-, Naturwesen wollen besser miteinander zurechtkommen als ihr Menschen mit euresgleichen. Was macht ihr, wenn eure Lebensräume schrumpfen und ihr zusammenrücken müsst? Wenn Ernten ersaufen oder vertrocknen? Wenn Flüsse versiegen und Süßwasser knapp wird? Wenn die Windsbräute mit Zyklonen Hochzeit feiern und Nixen und Tritonen vor den Gestaden des Harzes wellenreiten? Wenn die Wüsten wachsen und der Schirokko euch den Saharasand in die Augen und die Gärten bläst? Was macht ihr, wenn die Klabautermänner in der Kaiserpfalz ihr Seemannsgarn spinnen? Was macht ihr, wenn ...?"

„Genug!" Die moosige kleine Dame unterbrach sie leise und bestimmt. Sie kicherte: „Aus dem Seemannsgarn jedenfalls stricken wir wasser- und wetterfeste Socken, Hosen, Röcke und Jacken. Wenn die Menschen sich gut führen, geben wir euch welche ab."

„Und wir schützen eure Häuser, wie wir den Wald zu schützen versuchen, wenn ihr euch gut führt", donnerten die Wilden Männer.

„Wir schützen euch vor Bergrutschen", erklangen die Silberstimmen der Heckelmänner, „wenn ihr euch gut führt."

„Und wir warnen euch vor Sturmfluten", rauschten die Klabautermänner, „wenn ihr euch gut führt und mit dem Wahnsinn aufhört. Ihr habt nur diese eine Chance."

Die Wesen wandten sich von uns ab und hockten sich zu ihrem Klimakonvent zusammen. Möwen schrien: „Kiu ... Ka ...!" Am Ufer des Herzberger Teiches winkten ein paar Krabben. Schneckchen drehte sich ängstlich weg und lief Richtung Heimat, jedes Schlammloch genüsslich durchwatend.

„Soll ich sie noch schnell fotografieren?" fragte Uwe mich.

„Wag es nicht!" kam es prompt retour. Ein Wilder Mann wies uns mit einem Fichtenstamm den Heimweg.

Es begann zu regnen und roch nach See und Wald.

Peter Baier

Osterfeuer

Jens wundert sich, dass schon so viele Leute da sind. Er ist früh zu Hause aufgebrochen, es ist noch taghell, aber mindestens zweihundert Menschen, Erwachsene und Kinder, haben sich bereits erwartungsvoll auf der Wiese versammelt. Und es kommen immer mehr dazu.

Schneereste liegen rundum auf der Erde. Das Wasser des Johann-Friedricher-Teichs, wenige Meter entfernt, ist an manchen Stellen noch von einer dünnen Eisschicht überzogen. Vor vier Wochen sind noch Schlittschuhläufer über sie geflitzt.

Bei seinen Spaziergängen hat Jens verfolgt, wie der Berg von Fichtenzweigen immer höher wurde. Als er irgendwann dachte, nun sei genug Brennmaterial da, das man nur noch anzuzünden brauchte, begann zu seiner Überraschung erst die eigentliche Arbeit.

Die jungen Männer errichteten aus Baumstämmen ein kunstvolles Gerüst, eine kreisrunde Konstruktion mit einem Durchmesser von ungefähr zehn Metern. Dann bauten sie die Zweige, rund um einen bis auf den Wipfel kahlen Fichtenstamm, zu einem gewaltigen Turm auf. Im Flachland, erklärte ihm einer der Männer, werfen sie fürs Osterfeuer einfach Baumschnitt und Gestrüpp aufeinander, im Oberharz aber wird der Ostermeiler mit viel Arbeit aus Tannenzweigen um den „Kessel", einen Hohlraum, der wie ein Kamin wirkt, „geflochten".

Im Bauwagen neben dem Meiler übernachtet in der letzten Woche immer einer der Männer als Wache. Es könnte sonst passieren, dass der Meiler von der „Osterfeuerkonkurrenz" vorzeitig abgebrannt wird.

Jens nahm richtig Anteil an dem Unternehmen, war beeindruckt vom Engagement der Burschen, das eigentlich gar nicht in sein Bild von dieser Generation passt. Erst gestern, am Karfreitag, wurden sie fertig. Am Abend verfolgte Jens aufgeregt den Wetterbericht, denn tagsüber war es so neblig gewesen, dass man keine fünfzig Meter weit sehen konnte. Heute früh stellte er erleichtert fest, dass die Sicht sich gebessert hatte.

Er steht etwas abseits von der Menge vor einer alten Holzbank. Versonnen betrachtet er den großen Baumstumpf, der aus dem Busch hinter der Bank herausragt. Noch vor zwei Jahren erhob sich hier eine mächtige Ulme aus der flachen Wiese. Ohne diesen wunderschönen Baum, der wie ein König grandios die Landschaft beherrschte, wirken die Wiesen nun etwas öde.

Oft waren seine Frau und er andächtig vor dem Baum gestanden, hatten über die Jahreszeiten bewundert, wie sich sein Aussehen veränderte. Beim letzten Spaziergang mit ihr, bevor Ursula so schwach wurde, dass sie nur noch die Kraft zu wenigen Schritten im Haus und im Garten besaß, blickte sie nachdenklich zu dem majestätischen Baum auf und sagte: „Der hat gewiss schon hier gestanden, als meine Großeltern Kinder waren, und den werden unsere Enkel noch bewundern."

Wenige Wochen später stand Jens erschüttert vor dem gefallenen Baum. Ein einzelner großer Zweig ragte noch aus dem zerborstenen gewaltigen Stamm in den Himmel, daneben und dahinter lag der abgestürzte Rest der Ulme. Jens hatte das Gefühl, vor der Ruine einer zerstörten Kirche zu stehen, seine Augen füllten sich mit Tränen.

Plötzlich überkam ihn panische Angst, er hastete zum Auto zurück und fuhr überstürzt nach Hause. Er rannte die Treppe hoch, riss die Tür zu Ursulas Zimmer auf. Sie lag im Bett, blickte ihn verwundert an und sagte leise: „Du bist ja ganz außer Atem, ist etwas nicht in Ordnung?"

Er stotterte verlegen und schüttelte den Kopf. Vom Tod der Ulme hat er ihr nie erzählt.

Jetzt haben sie das Feuer entzündet. Dicker Rauch steigt auf, grauweißer Qualm umhüllt den Fichtenstapel. Ob er überhaupt richtig brennen wird? Vielleicht ist das Material zu nass, schließlich war es dem schlechten Wetter der letzten Tage völlig ungeschützt ausgesetzt.

Endlich, nach mehreren Minuten, sind am Fuß des Meilers die ersten Flammen zu erkennen. Sie drücken den Qualm höher, bis der Berg aus Zweigen von unten her lichterloh brennt. Das Feuer schiebt sich langsam nach oben, am Boden entsteht ein ausgebrannter Hohlraum. Er weitet sich fast unmerklich aus, die Fachwerkkonstruktion des Unterbaus wird nach und nach sichtbar.

Über einer hellerleuchteten, mannshohen Halle lodert jetzt ein glühender Feuerberg, golden glitzernde Funken tanzen über ihm. Der beißende Geruch des Qualms hat sich verzogen, man riecht den harzig-süßlichen Duft des brennenden Holzes und der Nadeln.

Strahlend hell leuchtet das Feuer vor dem dunklen Himmel, durch das Brausen der Flammen ist ein helles Knistern platzender Fichtennadeln zu hören. Immer heißer wird die Luft um das Feuer, die Leute treten weiter nach hinten. Kaum jemand spricht, fasziniert blicken die Zuschauer in die lodernden Flammen. Noch nie hat Jens ein so gewaltiges Feuer erlebt, man spürt seine Wucht und kann seine ungeheure Zerstörungskraft ahnen. Doch das Gerüst, auf dem die Zweige aufgetürmt sind, steht stabil, hält das Feuer unter Kontrolle.

Es dauert erstaunlich lange, bis der Glutberg auf dem Gerüst langsam seine Form verliert und nach und nach, wie ein Lavastrom, in den Raum zwischen den Balken rutscht und tropft. Immer höher züngeln die Flammen jetzt am Baum in ihrer Mitte hoch.

Plötzlich übertönt ein lautes Knacken aus dem Flammenberg das gleichmäßige Rauschen des Brandes. Unwillkürlich treten die Umstehenden noch ein wenig weiter zurück. Augenblicke später bricht der Feuerturm in sich zusammen. Eine riesige Wolke sprühender Funken stäubt durch die Luft, der Baum in der Mitte neigt sich langsam zur Seite, bricht auf halber Höhe ab und stürzt nach unten.

Als der Funkenregen herabgerieselt ist, breitet sich, wo vorher die fast fünfzehn Meter hohe Feuersäule stand, ein brennender Teppich aus, seine Flammen züngeln mannshoch in den Nachthimmel.

Die Reste einiger Stämme des Holzgerüsts stehen noch eine Weile glühend über den brennenden Zweigen, bis auch sie nach kurzer Zeit zusammenbrechen. Das riesig hohe Osterfeuer hat sich in ein weit ausladendes Lagerfeuer verwandelt. Mit Schaufeln werfen die Männer beim Einsturz nach außen geschleuderte Äste und Zweige in die Glut zurück.

Die Zuschauer rücken wieder näher heran. Viele halten jetzt eine Bierflasche in der Hand, andere haben sich an Schlachter Eines Grillwagen eine Bratwurst geholt. Der gemütliche Teil des Abends beginnt, die Stimmung wird ausgelassen.

Jens macht sich auf den Heimweg, auf die Lichter am Stadtrand Clausthals zu. Er geht mit großen Schritten voran und atmet tief durch. Das Osterfeuer, hat er gelesen, soll die bösen Geister des Winters vertreiben. Alsdann, der Frühling kann kommen! Seit Ursula vor einem halben Jahr gestorben ist, hat er sich nicht mehr so stark und frei gefühlt.

Christiana Baier

Hexe und Teufel

Gerade habe ich einen üppig behangenen Zweig Himbeeren in der Hand, da stupst mein Sohn mich an. „Pst! Duck dich! Da kommt ne Hexe!" Blitzschnell gehe ich in die Knie runter und luge durch die Zweige. Ja, was kommt denn da für eine?! Bodenlanger, weiter, dunkelkarierter Rock, blaue Schürze, dunkle, enge Jacke, ein Kopftuch tief ins Gesicht gezogen. Offenbar eine Türkin aus dem hintersten Anatolien. Noch ist sie fast hundert Meter entfernt, aber sie nähert sich raschen Schrittes trotz des schweren Gepäcks auf ihrem Rücken. Was sie da schleppt, ist unter einem bunten Tuch verborgen.

Marc mit Kennerblick: „Die trägt ne Kiepe, kenn ich vom Bauernmarkt."

Tatsächlich, eine Frau mit Kiepe. Jetzt sehe ich es auch. Dass es so etwas noch gibt! Gerade will ich mich wieder erheben, um die Alte genauer in Augenschein zu nehmen, da hören wir sie laut rufen. „Wutte woll wechgahn, jiou Deiwel!"

Und plötzlich ist da ein schwarzer Mann und packt sie am Arm.

„Mensch, der Teufel!!!" Die Backen meines achtjährigen Sohnes glühen vor Aufregung.

Die Frau stößt einen Schwall von Schimpfworten aus – so klingt es jedenfalls –, reißt sich los und schreit so lange, bis der Schwarze verschwindet. Dann hastet sie ein paar Schritte voran, um kurz vor unserem Busch abrupt stehenzubleiben.

„Liesbeth, Mäken." Mit gedämpfter, fast zärtlicher Stimme ruft sie immer wieder. „Leiwet Lieseken, kumm tau meck terijje." Einen Moment verharrt sie stumm, faltet die Hände. Dann läuft sie mehrmals im Kreis herum und ruft beschwörend: „Kumm terijje tau dein Mudder! Lieseken, kumm terijje!" Plötzlich bricht sie in Tränen aus und schluchzt herzzerreißend.

Mich reißt es hoch. Ich muss der Frau helfen.

Marc zischt: „Bleib unten, die verzaubert dich." Er bleibt vorsichtshalber in Deckung.

So'n Quatsch! Ich sprech sie vorsichtig an. Die Frau fährt herum und erstarrt einen Moment in blankem Entsetzen.

„Hilliger Vadder, hilp meck!" Dann rennt sie schneller, als ich es für möglich gehalten hätte, ein Stück des Weges zurück und verschwindet in den Büschen.

Was war das? Ich kann mich gar nicht beruhigen. Auf dem Rückweg erklärt Marc mir nun eifrig die Zusammenhänge: „Der Teufel – und es war ganz sicher der Teufel, denn sie hat ja Deiwel gesagt –, das sagt Opa auch immer. Also, der Teufel wollte die Hexe zu sich in die Hölle runterholen. Die ist aber stark und hat sich gewehrt. Und sie ist so aufgeregt, weil ihr Kind verschwunden ist. Sie hat Angst, dass der Teufel es mitgenommen hat." Er malt sich aus, wie die Kinder morgen in der Schule staunen und ihn beneiden werden.

Die Geschichte spricht sich schnell herum. Dafür hat mein Sohn gesorgt. Am übernächsten Abend sitzen wir im Arbeitszimmer des Ortsheimatpflegers. Er möchte uns etwas zeigen. Vor uns liegt ein altes Buch, handbeschrieben, so groß und dick, wie Marc noch nie eines gesehen hat. „Aufgeschlagen habe ich hier das Sterberegister unseres Dorfes vom Jahre 1761." Und weiter erklärt Herr Klingebiel, zu meinem Sohn gewandt: „Dein Teufel war wohl kein Teufel, sondern ein Köhler. Die nannte man früher die Schwarzen Gesellen, weil sie schwarze Kittel

EINE KÖHLEREI.

trugen und vom Ruß total eingeschwärzt waren."
Mein Sohn will's nicht glauben.
„Ich habe da vielleicht eine andere Erklärung." Der Heimatpfleger dreht das riesige Buch zu Marc und mir hin. „Es war doch am Fosshai, wo Sie die Alte gesehen haben?"
Ich nicke.
„Und es war letzten Mittwoch, also am 13. Juli?"
Ich nicke nochmals.
„Es gibt eine alte Familientragödie, die genau am 13. Juli am Fosshai passiert und hier im Sterberegister erwähnt ist", fährt der Heimatpfleger fort. „Dort ist ein kleines Mädchen unbemerkt auf den Meiler seines Vaters geklettert und in die Glut hinabgestürzt. Hier ist es zu lesen: Elisabeth Marg. Kath. Esaias Heinen Dochter starb den 13. July 1761, weil se in Mieler verbrennet. Alt drai Joahr twai Monat. De Vadder hebbet nich uppepasset."

Beatrice Nunold

Bitte!

„Alter, was hab ich gesagt?! Alle Deutschen sind Nazis! Hab ich die Tür aufgehalten?! Hab ich bitte gesagt?!"
Ich schaute mich um. In der Tür zur Kaiserpassage hier in Goslar standen zwei türkische Jugendliche. Hatte ich irgendwas verpasst? Mit einer Freundin war ich unterwegs zu EDEKA und zog einen Hackenporsche hinter mir her. Carola hielt die Glastür auf. Hinter mir hörte ich ein „Bitte!" Der Tonfall war provozierend. War ich gemeint? Erstaunt sah ich die beiden Jungs an. Sie wichen meinen Blicken aus. Der Wortführer setzte, seinem Begleiter zugewandt, die Schimpfkanonade fort: „Die Deutschen sind Nazis! Alle! Ich hab's dir gleich gesagt. Ich bin höflich! Sie sagen nicht danke! Alter, die sind alle gleich!"
Allaussagen sind meistens falsch, nicht nur formallogisch betrachtet. Fast immer lassen sich Gegenbeispiele finden. Lediglich Aussagen wie:

Alle Menschen sind sterblich,
Deutsche sind Menschen,
Goslarer sind Menschen,
Alle Deutschen und alle Goslarer sind sterblich,
lassen sich kaum widerlegen.
Die Aussage:
Es gibt Deutsche, die Nazis sind,
formal korrekter:

Es gibt Deutsche, und einige Deutsche sind Nazis dürfte wahr und schwer zu entkräften sein.
Während die Aussage:
Alle Goslarer sind Deutsche
sicher falsch ist. Es gibt zum Beispiel Goslarer, die Türken sind.
Selbst auf die Aussage:
Es gibt deutsche Goslarer,
Einige deutsche Goslarer sind Nazis,
müsste die Probe aufs Exempel gemacht werden. Es ist nicht ausgeschlossen, aber auch nicht ausgemacht, dass sich mindestens ein Nazi unter den Goslarern finden lässt.
Doch was ist ein Nazi?
Ein Mitglied der NPD oder einer anderen nationalsozialistischen Gruppe?
Reicht Ausländerfeindlichkeit?
Unhöflichkeit?
Sind Dummschwätzer, die ihr ausländerfeindliches, nationalistisches, sozialneidisches, rechtes und unreflektiertes Gedankengekröse selbstgefällig für der Weisheit Endlösung halten, Nazis?
Wie dem auch sei. Wenn er mir die Tür aufgehalten hatte, habe ich es nicht bemerkt. Ich stand noch in derselben. Carola hielt sie offen.
Es dämmerte mir. Kein Jugendlicher war beleidigt, weil seine Hilfsbereitschaft schnöde missachtet wurde. Hier ging es um die Demonstration eines wütend-verwirrten, pubertierenden Jungen, dass Deutsche miese, un-

freundliche Nazis sind. Das provozierende „Bitte!" hallte mir in den Ohren.

Brain under construction, dachte ich und: Pech, dass die Pubertät türkische Jugendliche nicht verschont. Allaussagen könnten sich hier bewahrheiten. Ich erinnerte mich, wie trotzig, wütend und aufsässig ich als Teenager war. Sei nachsichtig, zügle deinen Zorn! Immerhin besteht die realistische Chance, dass nach dem für das Erwachsenwerden notwendigen Umbau des Oberstübchens aus dem rüpelhaften Halbstarken ein vernünftiger, zivilisierter Europäer wird.

Ich hatte immer noch keinen Blickkontakt. Der Wortführer sonderte weiter Hasstiraden ab.

In mir keimte die Einsicht, dass weder Zorn noch Ermahnungen, weder gute Worte oder Nachsicht etwas auszurichten vermochten, zumindest nicht im Moment. Später, wenn der Junge sich abgeregt hatte und weder seinem Kumpel etwas beweisen muss noch Gefahr läuft, vor ihm sein Gesicht zu verlieren, wird es für mich keine Gelegenheit mehr geben, mit ihm über den Vorfall zu reden. Bleibt die Hoffnung auf einen gelingenden Hirnumbau.

Ich zuckte mit den Achseln, wendete mich zum Gehen und zockelte mit dem Hackenporsche, narzisstisch etwas angenagt, von dannen. Carola ließ hinter den Jungs die Tür ins Schloss fallen.

Peter Baier

Die Gartenbank

Der erste Schnee ist früh gefallen. Nass und schwer liegt er auf den herbstlich gelben Blättern der Trauerbirke. Wie eine weiße Wollmütze sieht der rund geduckte Baum jetzt aus. Unter seinen Zweigen, die wie nasse Haarsträhnen ins Gesicht hängen, blickt die Bank hervor.

Es ist eine alte, sehr einfache Bank. Sie besteht praktisch nur aus Baumstücken. Die Sitzfläche, ein längs geteilter Stamm, wird von zwei querliegenden Stücken eines dünneren Stamms getragen. Die Lehne, ein dickes rohes Brett, ist mit großen Schrauben an zwei Pfosten befestigt. Schwer ist sie. So schwer, dass sie immer auf ihrem Platz stehen bleibt, Sommer wie Winter. Die Spuren der Witterung sind unübersehbar, die Sitzfläche ist rissig, alle paar Monate kratze ich Schwammpilze vom Stamm. Aber die Bank muss roh bleiben, eine Lackierung, die das Holz schützen könnte, passt einfach nicht zu ihr.

Die Birke, die sich schützend über die Bank beugt, ist auch ziemlich alt. Ihre Rinde ist aufgesprungen, an vielen Stellen liegt das blanke Holz des Stammes frei. In den nächsten Tagen werden wir ihn in wärmendes Vlies einpacken, damit er gut über den Harzer Winter kommt. Bald wird die Bank unter Schnee begraben sein. Sie hat nun Pause.

Aber im Frühjahr wird sie wieder ein herrlich gemütliches Plätzchen sein. Wenn die hellgrünen Blätter der Birke austreiben, kann man von der Bank aus durch die noch fast kahlen Büsche weit über die hügelige Landschaft der Oberharzer Hochfläche bis zum Brocken sehen. Bald darauf liegt der Duft blühender Flieders und Jasmins in der Luft.

Wenn alle Büsche dicht belaubt sind, ist der Garten fast wie ein Innenhof abgeschirmt. Jetzt ist die Bank ein idealer Platz für ein verliebtes Paar. Die hängenden Birkenzweige bewegen sich leicht im Wind, das Summen der Bienen erfüllt die warme Luft. Von der Koppel nebenan hört man das Hufgetrappel galoppierender Pferde. Auf der gegenüberliegenden Wiese weiden Kühe, wenn sie nahe am Zaun Gras rupfen, hört man auf der Bank das Mahlen ihrer Zähne.

Zugegeben, es gibt bequemere Sitzmöbel. Mit körpergerecht geformter Schale und Lehne. Solchen Komfort bietet diese Bank nicht. Sie ist roh, einfach. Aber auch stabil genug, um seine Liebste auf den Schoß nehmen zu können.

Oft mache ich unter dem schattenspendenden Baum eine Pause von der Gartenarbeit. Für derbe Arbeitsklamotten ist die Bank grade recht, zu gepflegter Kleidung passt sie wirklich nicht.

Alte Bank unter altem Baum. Jahr um Jahr habe ich mehr das Gefühl, mich bei ihnen in guter Gesellschaft zu befinden.

Christiana Baier

Fräulein Elsa und die Sommerfrische

Fräulein Elsa liebte das Land. Jeden Juni brach sie von Braunschweig auf zur Sommerfrische in das preiswerte

Burgberg bei Harzburg.

Harzdorf mit den sonnigen Wiesen. Sie wählte immer diesen Monat und niemals einen anderen, denn die Heuernte war ihr ganzes Glück. Der würzige Duft frisch gemähter Wiesen hatte es ihr angetan. Eine blasse Witwe in bescheidenen Verhältnissen vermietete ihr seit Jahren ein einfaches Kämmerchen, das kein anderes Mobiliar aufwies als ein Bett, einen winzigen runden Tisch nebst Stuhl und eine Waschkommode mit Krug und Schüssel, in die sie auch ihre Wäsche einlegen konnte.

Im Dorf sprach man von ihr als dem Kurgast, obwohl sie gar nicht kurte wie die Gäste des Heimberghauses, das unterhalb des Friedhofs lag. Sie galt als feine Dame aus der Stadt, und man beäugte sie halb neidisch, halb misstrauisch. Mehrmals hatte sie schon ihre Hilfe für die Heuernte angeboten, aber man hatte immer ohne weitere Kommentare dankend abgelehnt. Die einen hielten sie wohl für zu fein, die anderen für zu ungeschickt.

Fräulein Elsa liebte den Heuduft so sehr, dass sie mitunter auf ihren Wanderungen, wenn weit und breit kein Mensch zu sehen war, sich einfach fallen ließ und auf der sonnendurchwärmten Wiese, weich aufs Heu gebettet, den Blick in die Wolken gerichtet, Stunden der Glückseligkeit verbrachte. Mitunter erschienen ihr die Regeln der Gesellschaft so fern, dass sie sogar ohne Bedenken das Kleid ablegte. Die Stadt mit ihrem Lärm und Schmutz, der Direktor mit seinem herrischen Gehabe, die alte Mutter mit ihrem Gezeter und Genörgel waren so weit entfernt, dass sie mitunter vermeinte, sie müsse sich auf einem anderen Stern befinden.

Eines Tages, nach üppig genossenem Mittagsmahl im Gasthof „Zur Linde", überkam sie auf ihrem nachmittäglichen Gange durch die sonnige Feldflur unterhalb der Burg eine wohlige Müdigkeit. Und da das in den Vortagen gemähte Gras bereits gewendet und zu größeren Haufen zusammengeharkt war und ihr der Wiesengrund zu stoppelig erschien, rupfte sie einige größere Büschel Heu herunter, um sich darauf behaglich auszustrecken. Das Kleid aus bunt geblümtem Kattun legte sie sorgfältig neben sich, und unter glücklichem Seufzen entschlummerte sie in der duftend süßen Stille des frühen Nachmittags.

Eine barsche Stimme riss sie jäh aus ihren Träumen. „Ja, was haben wir denn da?! Ein Frauenzimmer im Hemd! Hat das ganze Heu zerruppt. Liegt hier rum und schläft bei helllichtem Tage, die Transuse! Hat man so was schon gesehen!"

Fräulein Elsa war beim ersten Satz schon erschrocken aufgefahren und hatte ihr Kleid an den Busen gerissen. Die Stimme von hinten dröhnte weiter. „Ja, glauben Sie denn, wir haben unsere Zeit gestohlen?! Bansen die Heuhaufen auf, damit so ein hergelaufenes Stadtvolk alles wieder zunichtemacht?"

Noch sitzend wandte Fräulein Elsa ängstlich den Kopf nach hinten und wurde eines kräftigen Mannsbildes gewahr, das sich breitbeinig hinter ihr aufgebaut hatte. „Verzeihen Sie", hauchte sie entsetzt. „Ich wollte keinen Schaden anrichten. Ich bringe alles gleich wieder in Ordnung." Sie versuchte eiligst, ihr Kleid über den Kopf zu streifen.

Der Dorfmensch lachte höhnisch. „Hoho, Sie! Feine Deckchen sticken, das bringen Sie gerade noch fertig. Aber doch nichts Gescheites. Ihresgleichen macht sich nicht die Finger dreckig."

Bekleidet sprang Fräulein Elsa nun auf und nahm so die Erscheinung des Mannes deutlicher wahr. Von seinem Gesicht war nicht viel zu erkennen. Ein grauer Filzhut beschattete die Augenpartie, und von der Nase abwärts war alles von einem üppig gewachsenen, dunklen Bart bedeckt. Außerdem bückte sich der Kerl sofort, um das Heu, auf dem die Fremde gelegen hatte, zu packen und wieder an den rechten Ort zu legen.

„Aber lassen Sie doch! Ich mach das schon!" rief sie beflissen und ergriff das letzte Büschel.

„Als wenn die Stadtleute schon jemals was Rechtes getan hätten", grummelte er. Als er sich ein letztes Mal bückte und sie sich gerade mit dem Heu aufrichtete, stießen sie zusammen, und sein Hut fiel vom Kopf und gab den Blick frei auf eine Halbglatze.

„Der Ossenkopp!" entfuhr es ihr. Sie hatte über ihn von ihrer Wirtin gehört. Sie wusste, er war der größte Fremdenfeind im Dorf und hatte doch tatsächlich auf der letzten Gemeinderatssitzung verlangt, dass das Kurheim wieder geschlossen werden sollte, wegen Verderbnis der Sitten und der Arbeitsmoral. „Oh, Gott!" Und nun hatte sie ihm noch Argumente geliefert! Sie türmte behende ihr Heubüschel obenauf und griff dann mit beiden Händen prüfend in den Nacken. Ihr Haarknoten hatte sich durch den Zusammenprall gelockert, und die üppigen Haare drohten sich zu lösen.

„Ja, der bin ich", donnerte seine Stimme. „Und wenn es nach mir ginge, würden solche liederlichen Weibsbilder aus der Gegend verschwinden. Wo kommen wir denn hin, wenn diese Schnepfen aus der Stadt noch nackt über unsere Wiesen hucken! Magere Vogelscheuchen. Hinten nichts und vorne nichts. Eine Beleidigung für die Augen!"

Sie ließ die Arme sinken und stand einen Augenblick da wie gelähmt. So hatte bisher nur ihre Mutter sie beschimpft. Deren Demütigungen war sie gewohnt. Dass ihre Mutter sie maßregelte, war gerade noch zu ertragen. Aber dass dieser Bauer, dieser Rohling, dieser ungebildete Dickwanst sie abkanzelte wie ein Schulmädchen und schlimmer, das war ihr zu viel. Sie verspürte eine ungewohnte Wut in sich aufsteigen und atmete heftig. Und sie schrie ihm Worte entgegen, die sie niemals einem Menschen gegenüber gebraucht hatte und von denen sie nicht angenommen hätte, dass sie solche jemals würde aussprechen können. „Wichtigtuerischer Hinterwäldler" und „widerlicher Streithammel" waren noch die geringsten ihrer Beschimpfungen. Dabei gestikulierte sie so wild, dass sich die ohnehin nur noch locker gebändigten Haare auflösten und sie fast den Anblick einer wilden Amazone bot.

Dem Ossenkopp verschlug es die Sprache. Er starrte wie gebannt auf die Erscheinung, als stünde er einem Waldgeist gegenüber. Erst als sie still war, nahm er seinen Hut vom Boden und rannte abrupt davon.

Fräulein Elsa blieb noch eine Weile regungslos stehen und blickte dem stumm gewordenen Wüterich nach. Breitbeinig stand sie da, die Arme in die Hüften gestemmt, und konnte es selber noch nicht ganz fassen. Zum ersten Mal in ihrem bald vierzigjährigen Leben hatte sie das Gefühl, dass Glück auch etwas anderes sein könnte, als im Heu zu träumen. Und während sie die weißen Socken über die Füße streifte und die derben Wanderschuhe zuschnürte, glitt ein Lächeln über ihr Gesicht.

Peter Baier

Zwischen den Welten

Das Gewitter ist überraschend schnell gekommen. Als er die Schutzhütte am „Dreieckigen Pfahl" erreicht hat, ist er bereits patschnass. Weit und breit ist außer ihm kein Mensch zu sehen. Dieser Unterstand muss ziemlich neu sein. Überhaupt sieht alles hier oben ganz anders aus als vor zwanzig Jahren. In der breiten Schneise zwischen den Bäumen fuhren früher Panzerwagen und Jeeps, jetzt sind dort Wander- und Loipenschilder aufgestellt. Ungefähr drei Kilometer von hier, gegenüber dem Wurmberg, war sein Grenzturm. Wenn er in den kapitalistischen Westen schaute, sah er, genau wie in der sozialistischen Heimat, vor allem Fichtenwälder. Ziemlich öde war das. Bloß im Februar, beim großen Skispringen auf der Wurmbergschanze, war's mal spannend, da hatten sie auf ihrem Turm einen Logenplatz. Der Auslauf der Schanze endete nur wenige Meter vor dem Grenzstreifen.

Blitze und Donnerschläge folgen in kurzem Abstand aufeinander, das Gewitter tobt in nächster Nähe. Die dunklen Wolken, aus denen die Lichtblitze zucken, ziehen schnell über den Himmel. Es wäre doch besser gewesen, eine kürzere Route zu wählen. Wenn das Unwetter noch lange anhält, wird er nicht rechtzeitig in Schierke sein, um den letzten Bus um 18:30 Uhr zu erreichen.

Der Regen wird von heftigen Windstößen in den Unterstand gepeitscht. Er zieht die Beine hoch und verschränkt die Arme, es ist sehr kühl geworden.

In Halberstadt waren sie damals stationiert, von Elend fuhren sie jeden Tag zum antifaschistischen Schutzwall. Und in Elend lernte er seine kleine Hexe kennen. An Walpurgis. Ein schlankes, teuflisch hübsches Persönchen, lange dunkle Haare, mit ihrem heißen Hexenkostüm hatte sie leichtes Spiel mit ihm. Aber auch nach der Walpurgisnacht und ohne Besen gefiel sie ihm höllisch gut. Wann immer er konnte, besuchte er sie. Dreimal kurz, zweimal lang, das war sein Klopfzeichen an ihrer Tür. Bei der Erinnerung daran wird ihm gleich wieder ein bisschen wärmer.

Er hat sich ein Zimmer genommen in Braunlage, drei Tage wandern. Außerdem, man kann ja nie wissen, gestern ist er jedenfalls nach Elend gefahren. In demselben Haus wohnt sie nicht mehr, niemand wusste etwas über sie. Na ja, das war zu erwarten, nach dieser langen Zeit.

Eine halbe Stunde dauert es, dann zieht das Gewitter langsam ab. Der Regen hat nachgelassen, Nebelschwaden ziehen über den Boden. Robert muss sich nun beeilen, mit strammen Schritten geht er weiter, immer den ehemaligen Grenzstreifen entlang, bis er an eine Abzweigung kommt. „Tote Weg" steht auf dem Holzschild. Namen haben die hier! Klingt alles nicht so ganz einladend. Tote Weg, Elend, Kalte Bode. Mann oh Mann, ein bisschen komisch sind die hier schon. Und Jutta wollte auf keinen Fall nach Berlin mitkommen, sie wollte unbedingt im Harz bleiben. Irgendwie war die auch ein bisschen ..., da reißt es ihm die Beine weg, er fällt rücklings auf den Weg.

Der Aufschlag ist hart. Mitten im Schritt ist auf dem nassen Boden sein Standbein weggerutscht. Er blickt stöhnend nach oben, in die dunklen Wolken. Mühsam richtet er sich auf, die Ellbogen schmerzen, sie sind heftig auf den steinigen Boden gekracht.

„Mensch Jutta, was bist du empfindlich ...", murmelt er vor sich hin und lächelt gequält. Scheiße, das rechte Knie tut auch weh.

Vielleicht sollte er lieber umkehren. Der verfluchte Tote Weg geht steil bergab, das geht sowieso auf die Knochen, und mit diesem Knie, er weiß nicht recht. Robert nimmt die Wanderkarte aus der Tasche. Er könnte zur Bushaltestelle Oderbrück gehen, das ist nur etwa halb so weit wie nach Schierke. Es ist sogar näher als Torfhaus, wo er gestartet ist, und er muss nicht wieder die gleiche Route nehmen, auf der er gekommen ist. Er entscheidet sich für den Weg durchs Rote Bruch.

Ein schmaler Pfad führt von der Schneise in den angrenzenden Wald. Nach kurzer Zeit kommt er an einem großen Holzschild vorbei: „Herzlich willkommen in Sachsen-Anhalt". Sein Grenzdienst fällt ihm ein, und er muss lachen. Ein Schild „Herzlich willkommen in Niedersachsen" gibt's natürlich nicht. Typisch.

Der Weg ist sehr uneben, hier ist wohl lange niemand gegangen, überall liegen Zweige rum und wachsen kleine

Büsche. Es wird immer unklarer, wie der Weg verläuft, Robert geht nur noch durch die Bäume. Das Unterholz wird immer dichter, er kommt nur langsam voran. Die Schmerzen im Knie werden stärker, das kommt bestimmt vom unebenen Boden. Und dann steht er plötzlich vor einem kleinen Abhang über einem Bach. Eine Brücke gibt's hier nicht. Verdammter Mist, er hätte doch den Weg über „Dreieckiger Pfahl" zurückgehen sollen. Er geht am Hang entlang, bis er an eine Stelle kommt, wo mehrere Baumstämme im Wasser liegen. Zusammen mit den dazwischen liegenden Steinen könnte das als Übergang dienen. Er findet einen abgebrochenen Ast, mit ihm als Stütze schafft er es auf die andere Seite. Seine Füße sind nass geworden. Macht nichts, auf dieser Seite des Baches führt wenigstens ein richtiger Weg.

Es dauert länger als er erwartet hat, bis er endlich die gesuchte Abzweigung nach links erreicht. Jetzt müssen es bis zur Bushaltestelle noch ungefähr drei Kilometer sein. Rechts hinter den Bäumen scheint eine große Lichtung zu liegen. Beim Näherkommen sieht er eine Holztreppe, die auf einen Steg führt. Aber hier kann doch kein See sein! Er steigt auf den Steg, die Planken glänzen im fahlen Licht, vor ihm erheben sich einzelne kahle Bäume aus einem Nebelmeer. Ein Hochmoor. Schön sieht es aus, ein wenig gespenstisch. Robert schaut zum Himmel. Zwischen den Wolken meint er eine Hexe auf ihrem Besen reiten zu sehen. Er lächelt, sie passt gut in dieses Bild, findet er. Und es sind ja auch nur ein paar Kilometer zum

Brocken. Er verlässt den Holzsteg wieder. Er muss sich beeilen, es dämmert schon. Und er friert.

Brocken u. Hirschhörner.

Plötzlich, ein paar Meter vor ihm am Wegrand, bewegt sich etwas. Er kneift die Augen zusammen, steht wie angewurzelt. Ein Tier, ein großes Tier duckt sich da in den Büschen. Er kann nicht erkennen, was es ist, es sieht ihn bedrohlich an, kommt näher, bleibt stehen. Ist das ein Wolf? Das kann doch gar nicht sein! Roberts Herz klopft laut vor Aufregung. Oder ist es vielleicht ein Luchs? Die soll es im Harz neuerdings auch geben, da kam mal was im Fernsehen.

Jetzt dreht sich das Tier zur Seite – was das für einen riesigen Schwanz hat! – und verschwindet im Halbdunkel zwischen den Bäumen. Er atmet tief durch. Mensch Robert, du zitterst ja! Reiß dich zusammen, wahrscheinlich war es doch nur ein Fuchs! Unsicher geht er weiter.

Im dichten Wald ist es rasch so dunkel geworden, dass er kaum mehr sehen kann, wo er hintritt. Er blickt nach oben, um sich am Abstand der Baumwipfel zu orientieren, wie der Weg verläuft. Er stolpert, sein rechter Fuß knickt um, an einem Baumstamm fängt er sich gerade noch auf. Beim Auftreten spürt er einen stechenden Schmerz im Knöchel. Verdammt, auch das noch! Mit diesen Schmerzen wird er nicht weit kommen. Er humpelt ein paar Schritte, muss sich wieder festhalten, kniet eine Weile auf dem Boden, humpelt weiter.

Robert stützt sich an einen Baum. Er möchte am liebsten weinen. Oder laut fluchen, aber das traut er sich nicht, er hat das Gefühl, von allen Seiten beobachtet zu werden. Dieser beschissene Wald ist ihm unheimlich. Er beißt die Zähne zusammen, schluckt. Was soll das, mach dich doch nicht lächerlich! Er wischt sich den Schweiß von der Stirn.

Was war das für ein Geräusch? Jetzt ist es wieder still. Das Rascheln und Knacken, kommt das nur von ihm? Immer wenn er weiterhumpelt, hat er das Gefühl, Geräusche in seiner Umgebung zu hören, als ob jemand hinter oder neben ihm gehe; wenn er stehen bleibt, ist nichts mehr zu hören. Aber jetzt, da war doch was! Einen kurzen Moment sieht er über sich weite Flügel schlagen, es muss ein Riesenvogel sein, der da durch die Bäume fliegt. Und dann, ganz nahe, rechts von ihm, hört er ein schnelles Trappeln, wie von Hufen.

Er schleppt sich weiter, verhält wieder mit angehaltenem Atem, meint Schatten zu sehen, die sich auf ihn zu bewegen, aus dem Dunkel blitzen lauernde Augen ihn an.

Immer öfter lehnt er sich an einen Stamm oder sinkt auf den Boden, steht mühsam wieder auf, taumelt weiter. Er weiß nicht, wie lange er schon so unterwegs ist, er hat jedes Zeitempfinden verloren. Seine Schmerzen haben inzwischen sogar das Gefühl verdrängt, in Gefahr zu sein. Die blöden Waldgeister rings um ihn, die Wölfe, Füchse, Hirsche und Riesenvögel, sie sind ihm nun egal, er muss weiter. Es ist kalt, er muss unbedingt weiter.

War das schön, die Abende bei seiner Jutta. Gleich bin ich bei dir, kleine Hexe! Das gemütliche Sofa, ein warmer Tee. Ich setze mich schon mal hin.

Er sackt zu Boden. Eine Pause, nur ganz kurz, er kann nicht mehr. Die Augen fallen ihm zu.

Robert schreckt auf. Hat er geschlafen? Da vorne, was ist das? Ein Lichtstrahl schwenkt über den Wald, er hört Motorengeräusch. Da muss eine Straße sein! Er sammelt seine letzte Kraft, stemmt sich vom Boden hoch, stolpert vorwärts. Der Weg ist breiter geworden, links von sich hört er Wasser fließen. Im Mondlicht sieht er ein großes Blockhaus. Vielleicht ein Gasthaus? Aber es ist dunkel. Nur an der Seite sieht er einen kleinen Lichtschein.

Er humpelt zur Tür unter der Lampe, klopft, dreimal kurz, zweimal lang. Dann hört er Schritte. Eine schlanke Frau mit dunklen, langen Haaren öffnet die Tür.

Christiana Baier

Karo in den Pilzen

Karo verbrachte zum ersten Mal ihren Urlaub in den Harzer Bergen. Natürlich nur einen Kurzurlaub. Ihr Arzt hatte ihr dringend dazu geraten. Am besten Mittelgebirge. Schonklima, Bewegung und absolut nichts los. Das Walddorf nahe Goslar hatte er ihr wärmstens empfohlen. Zwei Tage hatte die Jungmanagerin sich schon fast zu Tode gelangweilt. Das zweckfreie Leben war für sie schwer auszuhalten. So hatte die Wirtin der Pension Bauerochse ihr eine Abbildung von Steinpilzen in die Hand gedrückt und ihr auf der Wanderkarte markiert, wo diese wuchsen. Gerade hatte Karo die ersten Exemplare fürs Abendessen ins Körbchen gelegt und sich wieder aufgerichtet, da wurde ihr Blick auf den Hang gegenüber gelenkt.

Was kommt denn da für ein unförmiges Monstrum die Schneise herunter? Sie trat ein paar Schritte zurück zwischen die Büsche und beobachtete gespannt, was sich da näherte. Das seltsame Wesen bewegte sich langsam, seitlich leicht hin und her schwankend. Karo blinzelte angestrengt gegen die Sonne. Bald war es so nahe, dass sie ein massiges Weib mit einem riesigen Buckel unter einem weiten Umhang zu erkennen meinte.

Nun hatte es die Wegeskreuzung erreicht, schnaufte vernehmlich und ließ sich auf einen gefällten Stamm sinken. Die Person hatte Karo den Rücken zugekehrt. Ab und zu stöhnte sie gequält auf, ansonsten geschah nichts. Karo wurde ungeduldig. Warum sollte sie nicht aus den Büschen hervortreten? „Hallo", grüßte sie betont lässig. Der Koloss zuckte zusammen und riss die Arme hoch. Er wollte wohl wegspringen, schaffte es aber nicht. Und Karo blickte erstaunt in ein ältliches, verhärmtes, ganz und gar nicht verfettetes Frauenantlitz, in dem sich schieres Entsetzen spiegelte. Die Frau stieß ein paar Worte in einer Sprache aus, die Karo nicht verstand.

„Was ist mit Ihnen? Kann ich Ihnen helfen?" Karo blickte die Frau ermunternd an. Die senkte den Kopf und murmelte vor sich hin. Es klang fast wie eine Beschwörungsformel.

Die Jungmanagerin war nicht die Geduldigste. „Geht es Ihnen nicht gut? Reden Sie doch!"

Die Frau fasste an ihren aufgetriebenen Leib und atmete heftig. Was hatte die bloß alles an bei diesem milden Herbstwetter! Kein Wunder, dass ihr schlecht war. Der weite, buntgeblümte Umhang war etwas nach hinten geglitten. Darunter schaute ein dickes wollenes Schultertuch hervor und breite Riemen von einem Rucksack. Über dem runden Bauch ein weit gekräuselter, derber, langer Rock. Darunter guckten klobige Schnürstiefel hervor.

„Wo wollen Sie hin? Ich habe mein Auto in der Nähe stehen. Ich bringe Sie nach Hause." Karo packte die Alte am Arm, um ihr aufzuhelfen. Die bewegte sich jedoch kein bisschen aufwärts. Auch mit viel Kraftaufwand bekam sie das Schwergewicht nicht hoch. „Strengen Sie sich doch ein bisschen an! Allein schaffe ich es nicht", schrie sie.

Die Frau hielt nun mit beiden Händen ihren Leib. Hatte die vielleicht eine Blinddarmentzündung? „Was haben Sie? Sagen Sie doch was!"

Die Frau sprach leise vor sich hin. Es klang verzweifelt. Aber Karo konnte ihr Gemurmel nicht verstehen. Die Managerin fasste nun einen Entschluss. „Ich rufe einen Krankenwagen. The ambulance", schrie sie. „Keine Angst. Ich laufe nur zu meinem Auto. Wait, wait!" Sie stürzte davon. Wie gut, dass sie nicht auf Dr. Weber gehört und ihr Handy doch mitgenommen hatte. Und wie gut, dass sie die Landkarte dabei hatte und ihren genauen Standort angeben konnte.

Sechzehn Minuten später fuhr der Rettungswagen auf den Waldparkplatz, wo Karo nervös auf und ab lief. Glücklicherweise konnten sie auf der Forststraße noch ein Stück weiter fahren, dann stürzten die beiden Sanitäter mit der Trage los, immer hinter Karo her.

Schnaufend erreichten die drei die Wegkreuzung. Verblüfft starrten sie auf die Kiepe, die vor dem Baumstamm stand und bis an den Rand mit Äpfeln gefüllt war. Von der Frau keine Spur. Die Sanitäter wurden ungeduldig. „Ja, wo isse denn?"

Karo zuckte die Achseln.

„Hatte die Frau ne Kiepe aufm Buckel?"

Nun dämmerte es Karo. „Kann sein. Ich dachte die Trageriemen wären von einem Rucksack."

„Die war bestimmt aufm Bauernmarkt", erklärte Mittendorf. „Da laufen manchmal Kiepenfrauen rum. Aber wo isse jetzt?"

Karo und die beiden jungen Männer suchten die Umgebung ab und brüllten immer wieder in alle Himmelsrichtungen. Keine Reaktion. Nur das Geschrei eines Säuglings aus der Ferne.

„Hatte die Frau vielleicht Wehen?" Pahl guckte fragend auf Karo.

„Nein, nein! Die war doch locker sechzig."

Die Sanitäter wussten nicht so recht, was sie von der Sache halten sollten, und wollten Karo schon vorsichtshalber mit ins Krankenhaus nehmen. Aber die wehrte entschieden ab. Immerhin stand da wirklich eine Kiepe. Mittendorf kam schließlich zu dem Ergebnis, dass da wohl eine stark übergewichtige und auch schwerhörige Person im Nachbarort den Bauernmarkt besucht und auf dem Rückweg Äpfel mitgenommen hatte. Nach einer Verschnaufpause hatte sie wohl noch ein paar Pilze fürs Abendbrot suchen wollen und sich dabei etwas weiter von der Kreuzung entfernt. Die würde schon putzmunter zu ihrer Kiepe zurückkommen. Die Jungs schnappten die Trage und verschwanden eilig.

Karo wollte das alles nicht glauben, wartete aber noch, bis es fast dunkel war. Jedoch nichts tat sich. So allmählich kamen ihr Zweifel, ob sie alles richtig mitbekommen hatte. Habe ich schon Halluzinationen? fragte sie sich besorgt. Aber Rosa, die Pensionswirtin, wunderte sich nicht allzu sehr über Karos Bericht.

DER WASSERFALL IM RADAUTHALE
bei Harzburg

„Es gibt manches zwischen Himmel und Erde, besonders hier in unseren dunklen Wäldern." Und sie drückte ihr ein altes, schon vergilbtes Buch mit dem Titel „Gäste und Geister" in die Hand. Karo las wie gebannt bis nach Mitternacht die Erlebnisse der Harzer Kurgäste um 1900. Und hier soll nichts los sein! Am nächsten Morgen buchte sie gleich noch eine zweite Urlaubswoche.

Beatrice Nunold

Tiffany

„Was ist das für ein putziges Ding? Graziös wie ein Nilpferd. Jetzt schnuffelt es um den Brunnen herum, gleichgültig gegen den vergoldeten Reichsblechgeier weit oben."

Frau Tyche Weißimnebel kam nicht oft nach Goslar. Sie wohnte im Oberharz, dort, wo der Wald am dichtesten, die Täler am engsten und lichtscheusten, die Winter am bittersten waren und der Sommer nur verstohlen seine

Brocken u.Eckerthal.

Sonnenfinger zwischen Finstertannen und Düsterberge hindurchquetschte, um dem bescheidenen Leben hier etwas Wärme und Licht zu spenden. Wanderer verirrten sich selten in diese unwirtliche Gegend. Der Förster kam gelegentlich vorbei, um ihr das eine oder andere aus der fernen Zivilisation mitzubringen. Nur manchmal nahm er sie mit ins Städtchen, wie heute. Er meinte, sie würde sonst mit ihren Flugbesen Ufoalarm auslösen und Touristen und Eingeborene verwirren, für die Hexen nur als Werbegag existieren.

Frau Weißimnebel seufzte. Wie gern hätte sie auch so ein niedliches Kerlchen. Ihre Katze war schon ein Jahr tot und sie seither allein. Doch war sie nicht zu alt? Auch Hexen leben nicht ewig. Und ein Hund? Hunde sind doch nichts für Hexen! Vollkommen gegen die Tradition! Warum eigentlich?

Die Bulldoggendame rollte, so schnell ihre kleinen stämmigen Stummelbeinchen sie vorwärts trugen, auf Frau Weißimnebel zu. Die hatte sich extra stadtfein gemacht mit ihrem besten Blümchenkleid und einem Strohhut, auf dem echter Blumenschmuck, der, oh Mirakelwundergedeihfixhexenzauber, nicht welkte, prächtig wucherte und üppig blühte. Künstliches kam gar nicht in Frage. Sie ging mühsam in die Knie und streckte ihre Hand zum Gruß nach dem kompakten kleinen Wesen aus.

„Sei gegrüßt, meine kleine Dampfwalze. Du bist ja drollig und genauso behäbig wie ich."

Das Tierchen schaute sie mit großen, tränenden, braunen, schwarz und weiß umrandeten Augen an. Die breite Nase schnupperte an ihrer hingehaltenen Hand. Die rosa Zunge leckte ihr die Finger. Offensichtlich hatte das Hundchen ein Sabberproblem.

„Na, die Jüngste scheinst du nicht mehr zu sein, meine kleine Prinzessin."

Unter Stöhnen erhob sich Frau Weißimnebel. „Mach's gut, Mädchen. Ich muss jetzt heim. Ach Tyche, die kleine Hundedame würdest du am liebsten mitnehmen." Schwerfälligen Schrittes machte sie sich auf zum Parkplatz an der Kaiserpfalz, wo der Förster wohl schon auf sie wartete. Sie blieb stehen, um zu verschnaufen und die Einkaufstasche kurz abzustellen.

„Was kratzt mich da am Bein?" Sie schaute an sich herunter. „Nein, was machst du denn hier? Hast du denn kein Frauchen oder Herrchen?"

Treuherzig schaute die kleine bullige Dame zu ihr auf. Die Augen tränten. Die rosa Zunge hing seitwärts aus dem breiten Mäulchen. Der Sabber tropfte.

„Du hast kein Zuhause. Tyche, Tyche! Was machen wir da nur? – Na, komm schon! Ich bin schließlich auch allein. Was kümmert mich die Tradition. Bin eben die erste Hexe mit einem Hund."

Die Bulldoggendame trottete neben ihrem neuen Frauchen her. „Weißt du, ich werde dich Tiffany nennen. Wir brauchen dringend Hundefutter und Leckerlis. In einem Katalog habe ich einmal ein schickes Halsband gesehen, breit, rosa mit dicken, glitzernden, bunten Brillis, dazu eine passende Leine. An der Abzucht gibt es eine Zoohandlung. Der Förster kann noch etwas warten. Komm Tiffy! Wir gehen noch mal ins Städtchen."

Peter Baier

Null ouvert

Irgendetwas an diesen beiden Anglern, er wusste nicht recht was, regte ihn auf. Mindestens eine halbe Stunde sah er ihnen nun schon zu; sie hatten in der ganzen Zeit nichts gefangen. Ein einziges Mal hatte einer einen kleinen Fisch an der Angel. So klein, dass er ihn nicht einmal in seinen Eimer legte, sondern ihn wieder in den See zurückwarf. Ohne Gemütsregung tat er das, als ob es ihm egal wäre, wenn er sich nach Stunden wieder auf den Heimweg machen müsste, ohne etwas gefangen zu haben. Komische Typen.

Jochen war sich nicht sicher, ob die wirklich Fische fangen wollten oder ob es sich um eine Art Meditation handelte.

In weitem Bogen warfen sie die Schnur aus, kurbelten sie wieder herein, warfen sie erneut in weitem Bogen aus ... Immer wieder dieselben Bewegungen, in ständiger Wiederholung. Mit stoischer Ruhe machten die das.

Jochen schüttelte verständnislos den Kopf. Was geht in denen vor? Woran denken die? Die sehen absolut zufrieden aus, obwohl sie doch völlig erfolglos sind.

Vor zwei Stunden hatte er Lisa und Markus vor dem Dohmgymnasium abgesetzt. Gedankenverloren hatte er ihnen nachgeblickt, wie sie hinter dem Schulportal verschwanden. Er hatte keine Eile, ihm war danach, einfach stehen zu bleiben. Doch hinter ihm fuhr schon das nächste Elterntaxi vor, er musste weiterfahren.

Eine Weile ließ er sich ziellos vom Verkehr mitziehen, dann entschloss er sich, bei dem schönen Wetter in den Oberharz zu fahren.

Nach einem Spaziergang durch lichten Nadelwald, an Wassergräben entlang, saß er nun auf einer Bank am Rand des Kiefhölzer Teichs und ließ sich von der Sonne wärmen. Obwohl er die Krawatte im Auto gelassen hatte, kam er sich einigermaßen unpassend gekleidet vor. Er hätte jetzt lieber Jeans und Flanellhemd angehabt, wie die Angler da drüben. Aber so konnte er ja an einem normalen Werktag nicht aus dem Haus gehen.

Wie lange sollte er dieses beschissene Theater eigentlich noch spielen? Ein paar Wochen könnte er ja so tun, als ob er Urlaub hätte. Aber auf Dauer konnte das nicht so weitergehen.

Verflucht noch mal, was sollte er bloß machen? Wenn Ellen gewusst hätte, wie viele erfolglose Bewerbungen er schon verschickt hatte, wäre sie in helle Panik geraten.

Sie wohnten am Steinberg, einem der feinsten Viertel Goslars. Da leben erfolgreiche Menschen, da ist man nicht arbeitslos. Was würden die Nachbarn denken? Und seine Kinder, die würden sich wahrscheinlich in Grund und Boden schämen vor ihren Freunden. Und erst die Bekannten im Tennisclub! Gott, wäre das alles peinlich.

Er ging ein Stück am Seeufer entlang. Auf einer Bank in einiger Entfernung saß einer, der passte auch nicht so recht hierher. Auch er im Anzug und weißen Hemd.

Als Jochen ihn erkannte, war es zu spät, um umzukehren. Verlegen lächelnd ging er auf ihn zu. „Was machst du denn hier?"
„Und du?" antwortete Kurt, dem die Situation ebenso unangenehm zu sein schien wie ihm. Hatte er ihn nicht heute Morgen auf dem Weg zur Arbeit gesehen?

In dem kleinen Gasthof in Festenburg waren sie fast die einzigen Gäste, im Nebenzimmer saß noch einer beim Kaffee. Ihr Gespräch kam nur langsam in Gang, sie stocherten in trüben Gedanken. Immerhin, einen Vorteil hatte das Ganze: sie brauchten sich nichts vorzumachen, das tat gut.

Der andere Gast rief die Wirtin und bezahlte. Als er an ihrem Tisch vorbeikam, blieb er überrascht stehen und begrüßte Kurt. Sie kannten sich von einem Managementseminar.

Ohne dass eine Erklärung nötig gewesen wäre, war jedem klar, welche Gemeinsamkeit ihre Runde auszeichnete. Um die Stimmung etwas aufzulockern, flachste Jochen, als er den Neuen begrüßte: „Jetzt haben wir ja den dritten Mann für einen Skat."

Die beiden andern fanden's eine gute Idee, sie ließen sich von der Wirtin Karten bringen. Und drei Pils.

Jochen hätte ein sicheres Kreuz spielen können, musste aber bei 24 passen. Auch Kurt stieg aus, weil Robert auf Null ouvert reizte. Einen einzigen schwachen Punkt hatte sein Blatt – und die Karten waren so verteilt, dass sie ihn erwischten.

„Scheiße, scheiße!" fluchte Robert. „Jetzt will ich mal keinen Stich machen und mache einen! Und im echten Leben mach ich zurzeit ums Verrecken keinen, obwohl ich es doch unbedingt will."

Sie lachten. Im „richtigen Leben" ging es ihnen allen gleich.

Als es Zeit zum Mittagessen war, hatte jeder ein paar Mal gewonnen und verloren. Jochen hatte in der ganzen Zeit nur an das Spiel gedacht, hatte tatsächlich für eine Weile alle Sorgen vergessen.

„Was machst du eigentlich beruflich, vielmehr was hast du gemacht?" fragte er Robert.

„Ich bin Textildesigner", sagte der und ergänzte mit halb wehmütigem, halb bitterem Lächeln: „Mit ganz solider und altmodischer Grundlage, ich hab mal Schneider gelernt."

„Da könntest du ja meiner Frau ein Abendkleid schneidern, das sie unbedingt für den Silvesterball meint haben zu müssen!" rief Kurt.

„Warum nicht? Wenn du mir dafür die Installation in meinem Haus richtest, mach ich das gern."

Das war ja, ganz im Ernst, eine tolle Idee, die ließ sich ausbauen, fanden sie einhellig. Kurt war Elektroingenieur, der könnte doch auch Jochens Kindern Nachhilfe in Mathe und Physik geben.

„Und ich als Banker", schlug Jochen vor, „könnte die Rolle des Schuldnerberaters für euch übernehmen."

Die beiden andern verzogen leicht säuerlich das Gesicht. Na ja, er sah es selbst ein, das war nicht ganz so gut, da musste ihm noch was Besseres einfallen. In der nächsten Stunde entwickelten sie ein System von Leistungen und Gegenleistungen. Ohne Bezahlung in Geld und ohne Steuern und Sozialabgaben – der tollste Effekt überhaupt – Frau Wirtin, noch drei Pils! Sie hatten das Problem der Arbeitslosigkeit komplett gelöst. Man brauchte halt ein bisschen Phantasie. Auf so was kommen die blöden Politiker natürlich nicht.

VICTORSHÖHE.

Irgendwann war es dann Zeit für den Feierabend, sie mussten am Ende des Arbeitstages schließlich wieder zu Hause ankommen. Morgen könnten sie sich wieder treffen und ihr geniales Wirtschaftssystem für Arbeitslose vielleicht noch ein wenig verfeinern.

„Wir könnten aber auch eine Wanderung machen", schlug Kurt vor, „nicht mit Anzug und Krawatte, sondern in Freizeitkleidung."

Dieser Gedanke gefiel ihnen noch besser. Sollen die Leute doch denken, was sie wollen!

„Genau, wir spielen einfach Null ouvert", grinste Robert, „wir legen unsere schlechten Karten offen auf den Tisch und gewinnen."

Als Jochen ins Auto stieg, war er so entspannt und gut gelaunt wie lange nicht mehr. Demnächst würde er auch mal angeln gehen, nahm er sich vor. Erstaunlich, was für ungeahnte Möglichkeiten die Arbeitslosigkeit doch bietet. Beschwingt fuhr er heimwärts.

Bei der kurvenreichen Fahrt hinunter nach Goslar kamen ihm allerdings doch wieder leise Zweifel an seinem Glück. Am Parkplatz „Glockenbergkurve" hielt er kurz an, um die Krawatte umzubinden.

Christiana Baier

Späte Mädchen[1]

Der Altvater Engelhard Mittendorf[2] schüttelte den Kopf. Hat man so was schon gehört! Da klopft die Hedwig ans Kammerfenster und verlangt, ich solle ihr einen Hochzeiter beschaffen. Ich als Altarist[3] hätte großes Ansehen, meint sie, und Einfluss auf die Leute im Dorf. Sich einen Mann zu angeln, das wird das Luder wohl noch selber schaffen. Er griente vor sich hin.

Er hörte die Hintertür schlagen. Gleich darauf trat Dorothea[4], seine Frau, mit einem Krug Milch seufzend in die Küche. „Die Ziege gibt auch immer weniger." Und zu Engelhard gewandt: „Was wollte denn die Hedwig hier? Poussiert der Ludwig[5] schon wieder mit ihr rum?"

„Nä, nä. Die wollte zu mir. Sie will endlich heiraten. Ich soll ihr einen Mann beschwatzen."

„Ja, wen denn?"

„Egal wen."

„Waaas? Egal wen!" Dorothea blickte rätselnd auf ihren Mann. „Dann ist sie in Umständen, und der Kindsva-

---

[1] Die Geschichte spielt 1772/73 im Nordharzer Dorf Wolfshagen und beruht auf tatsächlichen Ereignissen, die der damalige Pastor ins Kirchenbuch eingetragen hat.
[2] Sigmund Engelhard Mittendorf, geboren 1690, Köhlermeister.
[3] Auch Kirchenvorsteher genannt. Fungierten als Rechnungsführer.
[4] Geboren 1714 als Johanna Dorothea Magdalena Pannenschmidt, Engelhards dritte Ehefrau.
[5] Johann Ludwig Mittendorf, Engelhards Sohn aus erster Ehe, geboren 1744.

ter will sie nicht freien." Und nach einer kleinen Überlegungspause. „Hoffentlich ist es nicht doch unser Ludwig." Engelhard wehrte ab. „Das hätte sie doch gesagt. Und schließlich ist er seit acht Jahren im Ehestand."
„Das ist nicht unsere Sache", entschied Dorothea. „Soll sich ihre Mutter drum kümmern."

Am nächsten Tag lauerte Hedwig dem Engelhard auf, als der mit der Axt über der Schulter gerade aus dem Holze kam und die Weide überqueren wollte. Sie baute sich, die Fäuste auf die Hüften stemmend, breitbeinig vor ihm auf und rief energisch: „Hilf mir! Sonst sag ich dem Ludwig ..."

Stahlstich nach Wilhelm Ripe, Oker, Ausschnitt.

Aber ehe sie ausgesprochen hatte, trat der Kuhhirte plötzlich aus den Büschen hervor und winkte Engelhard heran, und der ließ Hedwig einfach stehen. Die stampfte wütend auf und lief ins Dorf zurück.

Am Sonntag, nach dem Heiligen Abendmahl, nahm der Herr Pastor seinen Altaristen Mittendorf beiseite und sprach eindringlich auf ihn ein. Was die Hedwig behauptete, war ungeheuerlich. Den ganzen Sonntagnachmittag war Engelhard sehr wortkarg, er überlegte hin und her, an wen er das freche Luder verheiraten sollte.

Abends, als Dorothea mit ihrer Schwester und der Magd am warmen Ofen beim Stricken saß, machte sich Engelhard auf zu seinem Bruder Julius, der oben nahe der neuen Kirche im Hofe 23 den Dorfkrug betrieb. Als er eintrat, entdeckte er gleich am Stammtisch seinen anderen Bruder Zacharias, den Tischler, und mit ihm den Witwer Klinge-biel. Engelhard begrüßte erst mal den Wirt und die Schwägerin und fragte beiläufig: „Na, Julius, was gibt's denn Neues?"

„Ach, Christoph jammert uns die Ohren voll."

„Er braucht ne Frau im Haus", erklärte die Schwägerin. „Der alten Klingebiel wird es langsam zu viel mit den vier Kindern."

Engelhard trat zum Stammtisch, begrüßte nun auch Zacharias und den Witwer und erkundigte sich nach ihrem Befinden. Klingebiel winkte ab. „Zu Hause geht alles drunter und drüber."

„Nimm wieder ne Frau, Christoph", drängte ihn Zacharias.

„Brauchst das Trauerjahr nicht abzuwarten mit so vielen Kindern", erklärte der Altarist.

Klingebiel starrte in den Bierkrug: „Wer will mich schon? Mit all den Panzen und der siechen Alten."

„Hast einen Großköterhof[6]. Bist ein tüchtiger und ansehnlicher Kerl", versuchte Engelhard ihn zu ermutigen. Er nickte noch mal nachdrücklich, als Klingebiel aufblickte. Die Wirtsleute stimmten ihm wortreich zu.

„Wie wär's mit der lüttjen Pahl?" Engelhard gab sich ahnungslos. „Die Margarete ist doch heiratsfähig und kein unrechtes Mädchen. Und ne süße Honigschnute dazu."

Von Dorothea hatte er schon gehört, dass die schmucke Köhlerstochter dem Witwer einen Korb gegeben hatte.

„Ach! Ich bin ihr zu alt. Und sie will auch nicht für vier fremde Bälger sorgen." Christoph Klingebiel seufzte tief.

„Dem Bäcker seine Karoline wär doch passend", schlug Zacharias vor.

„Die ist doch schon verlobt", widersprach die Wirtin.

„Und die stramme Liesbeth Bauerochse, wie wär's mit der?" fragte Engelhard lauernd.

Klingebiel winkte ab. „Die frisst zu viel. Die kommt zu teuer." Alle lachten.

„Also dann weiß ich nur noch die Hedwig Ristig[7]." Engelhard zuckte die Achseln.

---

[6] In Wolfshagen der größte Hoftyp. Kleinere Höfe haben Kleinköter und Brinksitzer. Conrad Christoph Klingebiel besaß den Hof 20.
[7] Hedwig Ristig, geboren am 6. Februar 1744.

„Ausgerechnet die!" Klingebiel schüttelte den Kopf. „Die keiner haben wollte, die so einen schlechten Ruf hat ..."

„Ach, was", entschied Engelhard, „das ist doch nichts als bösartiges Geschwätz. Was kann die dafür, wenn die jungen Burschen sie nicht in Ruhe lassen." Er zwinkerte seinem Bruder Julius zu. „Die hatten keinen Erfolg bei ihr, drum machen sie das Mädchen madig."

„Wenn sie hier im Krug ausgeholfen hat", beeilte der Wirt sich zu sagen, „hat sie ihre Arbeit anständig gemacht. Und ein bisschen schäkern gehört nun mal zum Geschäft."

„Ist schon ein Spätes Mädchen mit ihren Ende Zwanzig, aber drum gerade recht für deinen Haushalt", sprach Engelhard zu Christoph gewandt. „Hat jahrelang den kranken Vater versorgt, derweil die Mutter mit der Kiepe das Essen verdient hat."

„Ja, die versteht sich auf Krankenpflege. Denk an deine alte Mutter", riet der Wirt ihm zu. Engelhard nickte ermunternd.

„Jedenfalls ist die bannich resolut", stellte die Wirtin mit Nachdruck fest. „Die wird mit deinen Kindern fertig."

„Ja, wenn ihr meint ..." Klingebiel war unschlüssig. „Engelhard, lege du als Respektsperson ein gutes Wort für mich ein. Ich mag mir nicht schon wieder ne Abfuhr einholen."

„Das will ich gerne tun." Sie stießen die Bierkrüge aneinander. „Auf deine baldige Hochzeit."

Hedwig war sofort einverstanden. Gleich am nächsten November-Sonntag wurde im engsten Familienkreis eine stille Verlobung gefeiert. Der Witwer bestand nicht einmal auf einer üppigen Aussteuer, da seine jung verstorbene Frau volle Truhen in die Ehe eingebracht hatte. Die Altmutter Klingebiel drängte auf eine baldige Trauung, damit sie entlastet würde, aber der Bräutigam wollte die Trauerzeit wenigstens bis Ende des Jahres einhalten. Daran konnte Hedwig nichts ändern, so viel Honig sie dem Verlobten auch um den Bart schmierte.

Die Hochzeit wurde Mitte Januar mit großem Aufwand gefeiert. Die Braut lächelte selig. Das Kind hatte einen Vater, und der gehörte nicht zu den armen Leuten im Dorf.

In den Frühjahrsmonaten musste die junge Hausfrau so manche spitze Bemerkung ertragen. Ihre wachsende Leibesfülle erklärte Hedwig mit dem guten Essen im Hause Klingebiel. Und auch der Ehemann verbat sich anzügliche Bemerkungen. Aber die seit Ostern im Haushalt mitlebende Mutter der ersten Frau stichelte unentwegt.

Wie groß war die Aufregung im Hofe 20, als am Abend nach der Heuernte, wo Hedwig kräftig mit angepackt hatte, plötzlich die Wehen einsetzten. Es dauerte gar nicht lange, da drückte die Hebamme etwas verlegen dem Vater ein prachtvolles Mädchen in den Arm. Kräftig und gut genährt war es mit seinen fast sechs Pfund Gewicht, ganz ungewöhnlich für eine Frühgeburt von fünf Monaten.

Christoph sah das entsetzte Gesicht seiner Mutter und den triumphierenden Blick der ersten Schwiegermutter.

Bis in die Nacht hinein hackte der Ehemann Berge von Holz, und früh am nächsten Morgen gab es ein Mordsgeschrei im Hause. Christoph stellte seine Frau zur Rede. Er rüttelte und schüttelte sie, und brachte so die Wahrheit aus ihr raus.

Altvater Engelhard war gerade dabei, den Stall auszumisten, da stürmte Christoph in den Hof 43 herein. Dorothea wunderte sich in ihrer Küche über den lautstarken Wortwechsel. Am nächsten Sonntag erklärte Klingebiel vor dem Herrn Pastor und der versammelten Kirchengemeinde, dass er das neugeborene Kind nicht als seines anerkenne. Hedwig musste sein Haus verlassen und wieder bei ihrer Mutter unterkriechen.

Der Herr Pastor und die Verwandtschaft nahmen die junge Mutter kräftig in die Mangel, damit sie endlich den wahren Kindsvater angäbe. Die blieb aber bei ihrer ursprünglichen Aussage. Und so schrieb schließlich der Pastor unter dem Datum des 11. Juni 1773 mit einiger Verspätung folgenden Geburtseintrag ins Kirchenbuch:
„Dorothea Elisabeth, des alten 83-jährigen Engelhard Mittendorf uneheliches Kind, so er mit Hedwig Ristig, des Conrad Christoph Klingebiel Ehefrau, gezeuget, erblickte diese Welt."

Das gab eine Riesenaufregung im Dorf. Die Frauen redeten sich den Mund fusselig über die Hedwig, diese Hure, diese falsche Schlange, und suchten nach einer besseren Hausgenossin für den armen Klingebiel. Aber am Stammtisch war so manches Wort der Anerkennung zu vernehmen über des Altvaters Manneskraft. Auch unter den Waldarbeitern und am abendlichen Feuer in den Köten bot diese erstaunliche Kindszeugung lange Gesprächsstoff.

Erst nach und nach rückte Hedwig damit heraus, welche näheren Umstände ihre Mutterschaft begründet hatten.

Auf Mögebiers zweiter Hochzeit, die bei Engelhards Bruder Julius im Dorfkrug gefeiert worden war, hatte sie mal wieder beim Bedienen ausgeholfen. Drei Burschen, so beteuerte sie, seien an dem ganzen Unglück schuld. Der Kohlknecht Stoffel, Schlachters Krischan und Henni Buerosse, der Fuhrknecht, diese drei Saufbrüder und Lodderbaste, denen sie öfter schon Körbe verteilt habe, hätten sie zu weit vorgerückter Stunde, als sie sich gerade auf den Heimweg machte, draußen auf dem Hof gepackt und in den Kuhstall eingesperrt.

Bald darauf hätten sie den schwankenden Altvater in den Stall geschoben und gerufen: „Hier bringen wir dir den rechten Bräutigam." Erst am späten Morgen seien sie von der Magd befreit worden.

Der Altarist habe sie, so erklärte sie dem Herrn Pastor, im Dustern wohl für seine Frau gehalten und das Nachtlager mit ihr teilen wollen. Bei seinem biblischen Alter habe sie keine Sünde darin erblicken können, mit ihm im Heu zu liegen.

Noch mehr Aufregung gab es im Dorfe, als nach einigen Wochen Klingebiels unumstößliche Entscheidung bekannt wurde. Der Herr Pastor notierte nun im Heiratsregister: „Christoph Klingebiel iug die Mensch gleich weg und ließ sich von ihr scheiden." Dorothea trug schwer an der Schande ihres Mannes. Sie verstarb, obgleich ein Vierteljahrhundert jünger als er, keine drei Jahre später im Februar 1776.

Nach gut halbjähriger Trauerzeit trat Engelhard Mittendorf im September desselben Jahres im stattlichen Alter von 85 Jahren mit der 32-jährigen Kindsmutter vor den Traualtar. So hatte er es doch noch zustande gebracht, der Hedwig einen passenden Kindsvater für die kleine Lisa zu besorgen. Und seine beiden Späten Mädchen, wie er sie nannte, konnten sich noch etliche Jahre lang seiner Gegenwart erfreuen.

Peter Baier

Tod in der Abzucht

Ich hatte es gewusst. Der Kaffee war noch nicht ganz durch die Maschine gelaufen, als auch schon das Telefon klingelte. Sabine war dran. Unter der Brücke bei der Worthmühle habe man eine männliche Leiche gefunden. Ich kippte eine Tasse Kaffee runter und zog den Mantel an.

Die Kollegen von der Bereitschaft hatten die Leiche aus dem Wasser gezogen und auf den Weg zwischen der Brücke und dem Museum gelegt. Franz, Jung von der Gerichtsmedizin und zwei Sanitäter waren schon da, als ich mich durch die Neugierigen drängte und die Absperrung überstieg.

„Schwere Verletzung am Hinterkopf", diagnostizierte Jung, „aber der Tod ist vermutlich durch Ertrinken eingetreten."

Ich nahm das Diktaphon aus der Manteltasche und sprach die wichtigsten Fakten drauf: circa 45 Jahre alt, 180 cm groß, volles, dunkles Haar, gepflegt sportlich gekleidet ... Franz durchsuchte währenddessen die Lederjacke des Toten, der man immer noch ansah, wie teuer sie gewesen sein musste, und nahm eine Brieftasche heraus. Außer verschiedenen Kredit- und anderen Cards waren ein Taschenkalender sowie Personalausweis und Autopapiere drin. Ein gewisser Dr. Rosen aus München. Kein Handy und kein Bargeld in der Jacke.

„Ihr könnt ihn mitnehmen", sagte ich zu den Weißkitteln und ging mit Franz langsam den Weg am Bach entlang, um nach möglichen Spuren zu suchen. Wegen der starken Regenfälle der letzten Tage führte die Abzucht ungewöhnlich viel Wasser. Wir waren uns darüber einig, dass die Leiche wahrscheinlich von weiter oben herabgeschwemmt worden und bei der Worthmühle hängengeblieben war. Auf Höhe der Lohmühle, vor dem Museumsvorplatz, lag ein Haufen Pflastersteine. Etwas abseits des großen Haufens lag ein einzelner Stein. Franz sah mich fragend an, ich nickte. „Den nehmen wir mal mit", sagte ich, „vielleicht finden die Gerichtsmediziner ja trotz des Regens was dran."

Bei der Lagebesprechung gegen Mittag fasste ich zusammen, was wir bis dahin ermittelt hatten: Dr. Rosen betrieb in München eine sportärztliche Praxis; seit zwei Tagen logierte er im Hotel Achtermann, sein Porsche 911 stand im Parkhaus Bäckerstraße; weder in seinem Zimmer noch in seinem Auto hatte sich irgendetwas Besonderes gefunden.

Jetzt gelte es herauszufinden, aus welchem Grund sich Rosen in Goslar aufhielt, gab Bongartz bekannt. Der Klugscheißer, als ob wir darauf nicht selbst gekommen wären. Aber der Herr Hauptkommissar fühlt sich uns Provinzkriminalern natürlich haushoch überlegen, schließlich kommt er aus Hannover.

„Das machst du, Franz", sagte ich, „ich muss jetzt rauf zum Sonnenberg." Bongartz schaute säuerlich, aber meine Trainernachmittage am Dienstag und Donnerstag lass ich mir nicht nehmen.

In einer Dreiviertelstunde fuhr ich aus dem Goslarer Schmuddelwetter in die tief verschneite Winterlandschaft des Hochharzes. Für die Schönheit der Natur hatte ich heute allerdings kein Auge. Ich war nervös und telefonierte während der Fahrt. Meine Schützlinge waren bereits voll in Aktion, als ich ankam. Ohne sie ginge mir mein beschissener Job noch mehr auf den Geist. Ganz besonders an Jenny habe ich meine Freude. Schon von weitem erkannte ich sie in der Loipe an ihren kraftvollen, weiträumigen Schritten. Auf meine Tochter könnte ich nicht stolzer sein.

Vor zwei Jahren, als ich sie in einem Sichtungslehrgang entdeckte, hatte sie bereits einen tollen Laufstil, jetzt ist er perfekt. Jenny ist keine von diesen bulligen Kraftmaschinen, trotz des intensiven Trainings ist sie immer noch fast zierlich. Das hübsche Mädchen hat einen riesigen Ehrgeiz. Dieses Jahr will sie Juniorenmeisterin werden, und sie hat das Zeug dazu. Ich bin mir sicher, wir können es schaffen.

Kurz nach 16 Uhr war ich wieder unten. Franz berichtete, was er inzwischen rausgekriegt hatte. In Dr. Rosens Praxis seien zahlreiche namhafte Sportler regelmäßig zur Behandlung. Die Münchner Kripo habe angedeutet, möglicherweise sei der Arzt in eine Dopingsache verwickelt. Zu Goslar habe er nur einen einzigen Hinweis gefunden: Im Telefonverzeichnis des Kalenders von Rosen finde sich unter anderem die Nummer eines Dr. Berg, ebenfalls Sportarzt.

„Den kenne ich", sagte ich, „ein guter Arzt, der betreut unsere Biathleten."

„Da gibt's doch sicher auch Doping, oder?" Bongartz sah mich fragend an.

„Vielleicht in den deutschen Leistungszentren in Bayern und Thüringen", entgegnete ich, „aber nicht bei uns im Harz. In dieser Hinsicht ist es ganz gut, Hinterwäldler zu sein."

Der Schlaumeier aus Hannover kniff die Augen zusammen. „Immerhin, Rosen kommt ja aus Bayern." Seine Stimme wurde plötzlich energisch: „Diesen Berg nehmen wir uns vor! Und zwar jetzt gleich."

Im Wartezimmer des Arztes saßen drei Patienten, als wir kamen. Dr. Berg bat uns in einen seiner beiden Behandlungsräume. Bongartz eröffnete mit der Frage, wann er Dr. Rosen aus München zuletzt gesehen habe.

„Am Sonntagabend", antwortete Berg verwundert, „wir haben gemeinsam gegessen. Warum fragen Sie?"

Er war sichtlich erschüttert, als Bongartz ihm den Grund unseres Besuches nannte. Vor zwei Jahren habe er Rosen bei einer Fachkonferenz kennengelernt.

„Vorgestern machte er in Goslar Station, meines Wissens wollte er weiter an die Nordsee. Wir waren zum Abendessen im Restaurant des Hotels Achtermann verabredet." Sie hätten über die Vorbereitung einer Tagung und andere fachliche Themen gesprochen.

Ob es dabei auch um Doping gegangen sei, fragte Bongartz und hakte, als Berg verneinte, nach: „Die Grenzen zwischen erlaubten und unerlaubten Mitteln bei der Behandlung von Spitzensportlern sind doch fließend."

„In der Tat", bestätigte der Mediziner, „das ist ein ziemlich umstrittenes, kompliziertes Thema."

Ob er bei seiner Arbeit nicht auch damit konfrontiert sei? „Glücklicherweise nicht", entgegnete Dr. Berg mit bescheidenem Lächeln, „bei meinen Patienten geht es um Bänderrisse, Dehnungen und andere alltägliche Probleme."

Er bedauerte sehr, dass er uns nicht weiterhelfen könne. Wir verabschiedeten uns höflich.

Das Restaurant bestätigte auf unsere Rückfrage, dass die beiden Ärzte am Sonntagabend dort gespeist hatten. Von der Gerichtsmedizin erhielten wir die Untersuchungsergebnisse: Das Opfer war tatsächlich ertrunken. An dem Pflasterstein hatten sie keine Spuren gefunden.

Franz meinte, eigentlich spreche doch alles für einen ganz gewöhnlichen Raubüberfall: „Geld weg, Handy weg, da hat halt einer dringend Stoff gebraucht. Wir sollten uns mal unter den Gammeltypen an der Jakobikirche umhören."

Ich pflichtete ihm bei.

„Schluss für heute", sagte Bongartz mürrisch. Es war ihm deutlich anzumerken, dass ihm eine spektakulärere Lösung seines ersten Mordfalls in der Provinz lieber wäre.

Langsam gehe ich durch die Stadt. Ich versuche mir einzureden, dass ich zufrieden sein kann mit dem Tag. Ich denke an Jenny. Bisher wollte ich es nicht wahrhaben, aber jetzt kann ich es nicht mehr verdrängen: Sie ist viel mehr für mich als eine hoffnungsvolle Nachwuchsathletin. Ja, verdammt noch mal, ich bin froh, dass sie nicht meine Tochter ist!

Ich gehe die Worthstraße entlang. Wie gestern Abend mit diesem arroganten Kerl. Ich hatte mich ihm als Biathlontrainer vorgestellt, ich müsse unbedingt mit ihm sprechen. Ich schlug vor, ins Restaurant an der Lohmühle zu gehen, da gibt es auch um 22 Uhr noch was zu essen, sogar gute bayerische Küche.

Wir waren in die Abzuchtstraße eingebogen, am Bach entlanggegangen. Es war neblig und nieselte ein wenig. Weit und breit kein Mensch zu sehen. Ich hätte da etwas von einer Dopinggeschichte gehört, erklärte ich, und machte mir Sorgen um die von mir trainierten jungen Leute.

Rosen blieb stehen. Was ich denn gehört hätte, wollte er wissen.

„Nichts Genaues", antwortete ich, „Dr. Berg sprach von Ermittlungen gegen Sie und von einem Präparat, das er mit Ihnen gemeinsam entwickelt habe."

Rosen kniff die Augen zusammen. „Sie wissen ganz genau, worum es geht!" sagte er mit kühler Stimme. „Und Sie wissen auch, dass Berg alle Verantwortung mir zuschieben will. Aber so läuft das nicht, mein Lieber! Wenn Berg nicht auf meine Forderungen eingeht, werdet ihr das alles mit mir zusammen ausfressen."

Ich beschwor ihn, Jennifer Paulus aus der Sache herauszuhalten. „Jenny ist ein Riesentalent, ein Juwel. Sie dürfen ihre Zukunft nicht zerstören! Ein Dopingverdacht würde die Karriere des Mädchens auf einen Schlag zunichtemachen."

Der Scheißkerl zuckte nur eiskalt die Schultern. Eine unbändige Wut stieg plötzlich in mir hoch, ich packte ihn am Revers seiner Lederjacke, schüttelte ihn. Er stieß mich zurück, ich stolperte rückwärts über einen Haufen Pflastersteine, sprang wieder auf, ging auf ihn zu. Er wandte sich mit einem verächtlichen Lachen ab. Und plötzlich war da ein Stein in meiner Hand ...

Beatrice Nunold

Fluch der Pharaonen

Echte Harzer lachen mich aus, klage ich über das Winterwetter in Goslar. Es ist mies. Es ist kalt. Es ist eisig. Es schneit und stürmt. Dieses Jahr ist es besonders mies. Nichts zieht mich in die Berge und auf die Pisten und Loipen, gar nichts. Ich hasse den Winter, Schnee und Eis. Auch wenn ich den Harzern von Herzen ihr Wintergeschäft gönne und weiß, wie nötig die Region das Geld der Schnee-, Ski-, Snowboard- und Schlittenbegeisterten braucht. Es ist eine gute Saison. Sogar die Schlittenhundrennen finden statt. Chewbacca würde sie alle abkochen. Wahrscheinlicher ist, dass unser Samojedenrüpel kläffender- und zerbelnderweise die Hundemeute aufmischt und sich mit den anderen Rüden beißt. Wie dem auch sei, ich muss hier raus, in die Wärme, schon meines Rheumas wegen. Wo ist es schön warm?

Kurz mal googeln.

In Ägypten.

Super, da war ich noch nicht.

Luxor 25 Grad.

Das ist es!

Die Tempel von Luxor und Karnak, das Tal der Könige, Sonnenaufgang über dem Nil, Palmen ... Ich gerate ins Träumen.

Der Schneesturm rüttelt am Fenster und pfeift schrill durch die dem Denkmalschutz geschuldeten und aufgeklebten Fensterkreuzfakes. Trotz Lehmdämmung, in einem alten Fachwerkhaus will es nicht kuschelig warm werden.

Nichts wie weg.

Wer kommt mit?

Zwei weitere wettergeschädigte, sonnenhungrige Damen waren schnell gefunden.

Meine Mutter ließ sich nicht zweimal bitten. Carola brauchte nur ein kurzes Überraschungserholungsstündchen, dann war sie mit von der Partie. Sie saß ohnehin in Goslar fest.

Vom Winter überrascht, war sie mit Sommerpuschen an ihrer Rolling Datscha, wie sie ihren Rumänienkombi liebevoll nannte, nach Goslar gegondelt. Jetzt stand die rote Sommerlaube festgefroren und zugeschneit zum Ärgernis des benachbarten Blockwarts auf dem Parkplatz vor unserem Häuschen.

Ein günstiger Flug mit einem guten Hotel war schnell gefunden, und auf ging es, ab Hannover nach Luxor. Ach, es hätte alles so schön werden können und begann super. Und nun liegen wir drei darnieder und haben auch noch unsere Familien angesteckt. Der Fluch der Pharaonen hat seit Carter selig nichts von seiner verheerenden Wirkung eingebüßt und eine geradezu biblische Reichweite. Wie heißt es: „Du sollst verflucht sein und deine Mischpoke bis ins siebte Glied", oder so. Warum haben sich nur die Frauen der Familien angesteckt? Kein Witz, und wenn, dann ein schlechter. – Eine „Frauenhasserseuche"? Sähe den alten Pharaonen ähnlich. Böse, böse! Oh, mir wird schon wieder übel.

Draußen tobt das miese Winterwetter, Dachlawinen grollen, und in mir toben fiese Bazillen. Das grimmige Bauchgrollen übertönt die Dachlawinen.

Dabei war es so schön warm in Luxor. Auf der Promenade, vorbei an Nilschiffen, Feluken unter Palmen und vielfarbigen Bogainvillen schlenderten wir am blauen Nil entlang, mit Blick auf das Grüne vis-à-vis und das Wüstengebirge dahinter. Die Sonne wärmte unsere Leiber und öffnete unsere Seelen. Wunderbar, die beste Winteridee seit Erfindung des Herdfeuers. Selbst die ägyptischen Männer, die in der Bibel vergessene elfte Plage der Ägypter, vermögen unsere gute Laune nicht zu trüben.

Schnacker und Schlepper allüberall spulen auf Endlosschleifen die immer gleichen Spruchmodule in den gängigsten Sprachen ab: „Madame, très bien?" – „Alles gut?" – „Only looking." – „Very cheap." – „Feluka, one hour." – „Taxi, Madam." – „Where are you from? American? Française? German? English?" – „Foto? Foto?" Sie schmeißen sich in Pose mit wallendem Kaftan, die Turbanenden flattern im Wind, um sofort Bakschisch zu kassieren. Den Mund, lückenhaft bestückt mit tabakgelben Zähnen, zu einem verwegenen Lächeln verzogen.

Sehr beliebt ist auch: „Mensch Meier". Und „You have so nice eyes." Wir tragen Sonnenhut und dunkle Sonnenbrillen.

Derweil gebärden sich Taxifahrer wie Kameltreiber und rasen von allen Seiten schreiend auf uns zu: „Taxi! Taxi!" – „Very cheap!" – „Taxi to Karnak!" – „Taxi ...!"
Konkurrenz schläft nicht. Die Kutscher, sich in der Tradition altägyptischer Streitwagenlenker verstehend, nehmen es in ihrem bunt blinkenden egyptian Ferrari locker mit den Taxidrivern auf. In bester Ben-Hur-Manier, manchmal gar auf dem Kutschbock stehend, mit fliegendem Kaftan, lenken sie ihre Rösser zwischen die hupenden Taxis und auf uns zu: „Calèche! Calèche!" – „One hour, ten pound!" – „Calèche ...!" Unwillkürlich fallen mir die einheimischen Droschken ein, die gesittet und gemütlich die Touris durch das Kaiserstädtchen kutschieren. Der Gedanke, dass sich die Kutscher laut feilschend „One hour, two Euro!" – „Vogn!" – „Retfærdig!" – „Billig!" mit dem Goslarschen Bimmelbähnchen auf dem Marktplatz um den Brunnen mit dem Goldgeier, am Schuhhof vor der Marktkirche oder an der Kaiserpfalz ein gnadenloses Rennen liefern – catch the tourist! – lässt mich hysterisch auflachen.

Da hilft nur eines. Unbeeindruckt draufzuhalten und durch. Wir hatten den Dreh bald raus.

Ob das den freundlichen dänischen Touristen auch gelingen würde, oder den Rentnerkarawanen, die alltäglich in Goslar einfallen und die Tourimeile bevölkern, ginge es hier zu wie auf dem Souk in Luxor?

Beginnend am Parkplatz an der Kaiserpfalz, wo die Busse die Touristen ausspucken, Stand an Stand dicht gedrängt immer der gleiche Pharaonen-, nein Brockenhexen-, Kaiserpfalz-, Rammelsbergtrödel. Die sonst so stur zurückhaltenden Goslarer Händler stürmen laut keifend auf die Menschen ein: „Brockenheks!" – „Troldkealing!" – „Witch!" – „Wicca!" – „Very cheap!" – „Retfærdig!" – „Billig!" In den Händen halten sie die immer-scheußlichgleichen, besenreitenden alten Hutzelweiber mit Hakenwarzengesichtserker – das blanke Grauen.

Einer schiebt mir eine Schnee-, nein Sandkugel unter die Nase: „At se! Only looking!" Der Hatschepsuttempel im Sandsturm. Es ist heiß im Tal der Könige. Oder steigt das Fieber? Das ist gar nicht der Tempel, das ist die Kaiserpfalz im Wüstensturm. Die steile Treppe säumen nicht etwa Sphinxen, sondern x-fach geklonte Moorsche Goslarer Krieger. Mich schwindelt. Das Gesicht des Händlers verzerrt sich zu einer Dämonenfratze. Trägt er einen Turban? Unter seinem langen grauen Mantel – einem Kaftan? – lugt ein Pferdefuß hervor.

Er hält eine weitere Kugel in den Klauen. Eine gnadenlose Sonne brennt auf den Brocken nieder. Die Harzer Schmalspurbahn dampft träge durch brennend heißen Wüstensand. Erschöpfte Wanderer – Heine und Goethe? – trinken ihre letzten Wasservorräte. Am Himmel kreist der Goldgeier. Da ein Gerippe und verdörrte Baumruinen.Klimaerwärmung oder Fieberwahn?

Bei Anubis und allen ägyptischen Göttern, mich schüttelt's, und er schüttelt die Zauberglaskugel. Schneegestöber. Ich friere plötzlich. Schneesturm auch vor meinem Fenster. Zähneklappern.

„Ulrichskapelle! Sankt Ulrich! At se! Only looking!"
Ein Uniformierter weist mit dem Gummiknüppel auf den Sarkophag: „Heinrich der Dritte! Dog! Hund!"

Walpurgisnacht auf dem Brocken.
(Der 1. Mai)
Beatrice Nunold: Collage mit ägyptischen Motiven auf einem Stahlstich nach einer Zeichnung von Wilhelm Ripe.

Na, wenigstens nicht Thutmosis der Dritte beim Niedermetzeln seiner Feinde, denke ich noch, da schmeißt sich der Polizist in Fotopose, seine Linke zuckt im Geldzählrhythmus: „Bakschisch! Bakschisch!"
Dies ist eine gängige Methode ägyptischer Polizisten, ihr spärliches Gehalt aufzubessern. Wer weiß, vielleicht auch eine, um das immer klamme Goslarer Stadtsäckel zu füllen, falls die Parkgebühren und Knöllchen, mit denen üblicherweise die Touristen geschröpft werden, doch nicht ausreichen sollten – sehr praktisch.

„Bakschisch! Bakschisch!" dröhnt es mir in den Ohren. „Es handelt sich um eine bakterielle Infektion", wiederholt der Notarzt. „Ich spritze Ihnen etwas gegen Übelkeit und zur Senkung des Fiebers. Sie müssen trinken! Sie dehydrieren. Sonst muss ich Sie in die Klinik einweisen, zwecks Infusion."

„Amenophis-Amöben-Ruhr, Thutmosis-Typhus – der Fluch der Pharaonen", höre ich mich stöhnen.

„Nein, wohl eher nicht", lacht der Notarzt. „Aber ein solider Harzer Schnupfen ist einer luxoriösen Infektion entschieden vorzuziehen. Gute Besserung und auf Wiedersehen."

„Bakschisch! Bakschisch! Only ten Euro Krankenkassengebühr!"

„You have so nice eyes!"

Mir fallen die Augen zu. Alles wird gut, hoffentlich.

„Madame, très bien?" – „Alles gut?"

Peter Baier

Gefährliche Loipe

„Ganz locker, nicht so steif!"

Die junge Frau sieht ihn unsicher an, mit einem Lächeln, so verkrampft wie ihre Körperhaltung, und müht sich weiter.

„So wird das nichts. Nicht bloß mit den Stöcken schieben! Sie müssen die Skier bewegen! Und das Körpergewicht immer auf den Ski verlagern, den Sie grade nach vorne führen."

Er baut sich neben ihr auf, erklärt und demonstriert den Bewegungsablauf, ganz langsam und deutlich. Sie probiert es.

„Ja, so ungefähr", lacht er, „aber die Knie nicht durchdrücken. Einfach ganz natürlich bewegen. Und auch die Fersen anheben."

Eigentlich sieht sie recht gut aus, schlank, dunkle Haare, hübsches Gesicht. Er läuft ein paar Meter vor, führt Ski und Stöcke mit etwas übertriebenen Bewegungen. Sie unternimmt den nächsten Versuch.

„Na, ist doch schon besser!" muntert er sie gönnerhaft auf. Jetzt geht's aber leicht den Berg runter, sie zögert.

„Nun trauen Sie sich mal was! Ein bisschen in die Knie gehen und ganz wenig anschubsen. Einfach loslassen. Fährt ganz von allein."

Zweifelnd blickt sie bergab.

„Wenn Sie so ängstlich sind, müssen Sie halt umkehren, aber da geht's demnächst auch abwärts, schließlich sind Sie da vorher aufgestiegen."
Das scheint sie zu überzeugen.
„Auf geht's, es kann gar nichts passieren, nach der Kurve läuft es flach aus."
Sie holt tief Luft, schiebt sich mit den Stöcken an und gleitet langsam abwärts.
„Ganz locker!" ruft er ihr nach, da sitzt sie schon auf dem Hosenboden. Als er ihr wieder auf die Beine hilft, schüttelt sie den Kopf und verzieht säuerlich die Mundwinkel.
„Das wird schon, Sie müssen nur ein bisschen Mumm haben", verabschiedet er sich und läuft in der anderen Richtung weiter.

Dass diese Weiber sich so dämlich anstellen! Dabei hat auch er erst vor drei Jahren den Reiz des Langlaufs entdeckt. Was soll man im Harzer Winter sonst auch in seiner Freizeit machen? Die Clausthaler TU hat für ihn einige Vorteile, kein Zweifel, aber für einen, der aus Hamburg kommt, bietet die kleine Bergstadt wirklich nicht viel. Es sei denn, man entdeckt die Natur für sich!
In der Buchhandlung Grosse entdeckte er zwei kleine Bücher über Skilanglauf. Die haben ihn auf den Geschmack gebracht, und seither weiß er: Im Oberharz ist der Winter die schönste aller Jahreszeiten. Diese Schneemassen, drei volle Monate lang!

Die meisten seiner Kollegen schimpfen über den vielen Schnee. Für sie ist er nur Behinderung im Straßenverkehr und macht Arbeit. Diese öden Stubenhocker waren noch nie im winterlichen Hochharz, kennen nicht das herrliche Erlebnis, bei strahlender Sonne und majestätischer Ruhe über perfekt gepflegte Loipen zu laufen. Berge rauf und runter, mal an grandiosen Aussichtspunkten vorbei, mal durch tief verschneiten Wald. Diese Ignoranten könnten genauso gut in Buxtehude oder Pasewalk wohnen.

Ralf ist fasziniert vom Laufen mit den schmalen Brettern. So gut wie Fräulein Smilla ist er zwar nicht, aber ein bisschen Gespür für Schnee hat er inzwischen entwickelt. Er unterscheidet nicht bloß zwischen Pulverschnee, der sich leicht wegschaufeln lässt, und schwerem Schnee, für den man die Fräse braucht.

Auf staubig leichtem Neuschnee laufen die Skier ganz anders als bei nassem oder vereistem Schnee. Und in einer sonnenbeschienenen Abfahrt musst du manchmal mit den Stöcken nachhelfen, um Tempo zu gewinnen, aber schon kurze Zeit später, wenn die Lufttemperatur etwas abgesunken ist, kann die Fahrt auf derselben Strecke plötzlich schnell werden. Und wenn Licht und Schatten in kurzen Abständen wechseln, hat man wegen des ständig wechselnden Tempos oft Mühe, das Gleichgewicht zu halten.

Inzwischen ist er oben auf dem Rehberg angekommen und legt eine kleine Pause ein. Direkt vor ihm liegt der

Achtermann, dahinter sieht man den Gipfel des Brockens mit seinen hässlichen Aufbauten, und ein Stück weiter rechts erhebt sich der Wurmberg mit dem Schanzenturm. Nach dem langen Aufstieg tut es gut, nun schnell und mit weiten Schritten über die flache Loipe zu fegen. Es ist später Nachmittag. Er ist bei der gut einen Kilometer langen Abfahrt hinunter zum Internationalen Haus angekommen. Bei guten Schneeverhältnissen ist das der attraktivste Teil der Runde, genussvolle Belohnung für den langen Aufstieg. In den steileren Passagen geht's da manchmal ganz schön rasant abwärts.

Die ersten zweihundert Meter sind von hohen Fichten beschattet. Danach, vor ihm auf der linken Seite, liegt im strahlenden Licht der tiefstehenden Sonne ein Rastplatz mit herrlichem Blick in Richtung St. Andreasberg. Ein paar Leute stellen sich dort gerade zum Abfahren auf. Gleich wird seine Fahrt in der sonnenbeschienenen Loipe langsamer werden, er kann dann in die linke Spur wechseln, um zu überholen.

Doch statt abzubremsen, laufen plötzlich seine Skier förmlich unter ihm weg – die in der Sonne geschmolzene Schneeoberfläche ist schon wieder angefroren. Er taumelt rückwärts, rudert mit den Stöcken wild in der Luft, versucht, das Gleichgewicht wiederzugewinnen. Mit Mühe vermeidet er den Sturz.

Er hat nur noch wenige Meter, um den Skifahrern vor ihm auszuweichen. Bei hohem Tempo wechselt er in die linke Loipenspur, da zieht der Schlussläufer der Gruppe ebenfalls nach links. Viel zu schnell, um bremsen zu können, springt Ralf aus der Spur. Links Tisch und Bank des Rastplatzes, auf gleicher Höhe rechts der andere Läufer, dazwischen muss er durch ...

„Ist alles in Ordnung?" Der andere hat erschreckt angehalten. Es dauert eine Weile, bis Ralf sich gesammelt hat. Mühsam rappelt er sich hoch, tastet sich ab.

„Schon gut, geht schon", murmelt er dann.

Der ältere Herr fährt weiter. Ralf klopft den Schnee von Hose und Jacke. Er ist ein bisschen zittrig, atmet ein paarmal tief durch und fährt vorsichtig weiter. Erst jetzt spürt er den Schmerz im rechten Fuß. Er fährt so langsam wie möglich, bremst mit den Stöcken, entlastet das rechte Bein so gut es geht. Als er das Ende der Abfahrtsstrecke erreicht, ist er völlig fertig. Unmöglich, jetzt noch sechs Kilometer bis zum Sonnenbergparkplatz weiterzulaufen.

Gott sei Dank ist hier eine Bushaltestelle. Der Blick auf den Fahrplan lässt ihn fluchen, der nächste Bus kommt erst in einer Stunde.

Ein Golf aus Richtung Sonnenberg fährt vorbei, bremst ab, stößt zurück und hält auf der anderen Straßenseite an. Eine junge Frau steigt aus.

„Wartet mein Skilehrer etwa auf den Bus?" ruft sie und geht auf ihn zu.

Auch das noch! Er verzieht das Gesicht und versucht vergeblich, sich ohne Humpeln zu bewegen.

„Dann kommen Sie mal mit mir nach Andreasberg, ich schaue mir den Fuß an", sagt sie munter.

Aber er muss doch nach Clausthal, und sein Auto steht am Sonnenberg. Sie sei Physiotherapeutin, erklärt sie, und er könne jetzt sowieso nicht selbst Auto fahren, das sei viel zu gefährlich. Sie duldet keinen Widerspruch. Eine Viertelstunde später sitzt er in einem weichen Sessel. Sie steht vor ihm, die Arme in die Hüften gestemmt.

„Na, dann lassen Sie mal sehen."

Während er den Schuh aufschnürt, kniet sie sich vor ihn. Er beißt die Zähne zusammen, als sie ihm Schuh und Strumpf auszieht. Es ist ihm peinlich, er will sich nichts anmerken lassen, aber der Fuß tut verdammt weh.

„Geht's?" fragt sie.

Er lächelt unsicher. Vorsichtig betastet sie seinen Knöchel. Was sie für schöne Haare hat!

„Ganz locker, lassen Sie das Bein ganz locker."

Aus geheimnisvoll dunklen Augen sieht sie ihn prüfend an. Ihm wird ganz schwummrig. Er schluckt.

„Bewegen Sie den Fuß mal im Kreis. Ja, so. Und jetzt andersrum."

Wieder fasst sie den Fuß an, tastet und drückt. Dann blickt sie ihn aufmunternd an.

„Scheint nichts gebrochen. Muss man natürlich röntgen, aber ich glaube, er ist nur verstaucht."

Sie steht vom Boden auf. „Ich mach Ihnen jetzt erst mal einen kalten Umschlag, und dann trinken wir einen schönen Kaffee. Oder möchten Sie lieber Tee?"

Nein, nein, Kaffee ist ihm schon recht.

Als sie nach ein paar Minuten wieder ins Zimmer kommt, hat sie sich umgezogen. Ihm stockt der Atem. Mann, hat die eine Figur!

„Ziehen Sie mal die Skihose aus, dann kann ich den Umschlag besser anbringen", fordert sie ihn auf.

Er lächelt etwas verkrampft. Ist das wirklich die Frau, der er vor zwei Stunden erklärte, wie man sich mit Skiern fortbewegt? Die so ungeschickt und ängstlich war? Jetzt hat plötzlich er das Gefühl, auf unsicherem Grund zu stehen.

Irgendetwas an der Sache ist ihm nicht geheuer.

„So, gleich wird's ein bisschen kalt am Fuß, nicht erschrecken!"

Ihr Gesichtsausdruck, ist das ein freundlich-verschmitztes Lächeln oder eher das maliziöse Grinsen einer raffinierten Harzhexe?

„Aber danach wird es umso angenehmer", schiebt sie augenzwinkernd nach. Was meint sie denn damit? Seine kribbelnde Gänsehaut wird von einer heißen Welle überflutet. Mann, du hast ja einen roten Kopf!

„Ich bin gleich wieder da", sagt sie, „dann machen wir's uns schön."

Sein Herz klopft wilder als bei einer rasanten Abfahrt. Was hat die mit ihm vor? Verdammt unübersichtlich ist das alles, man wüsste gern, was nach der nächsten Kurve kommt.

Du hast doch nicht etwa Angst? Ganz locker, Junge, nicht so steif, einfach loslassen!

Beatrice Nunold

Alienweihnacht in Goslar

Es ging rum, Internet, E-Mail, Twitter, Facebook, Xing, Handy und Mundpropaganda. **AN ALLE GOSLARER ALIENS: TAG X DER 1. ZUSAMMENKUNFT: 25.12.2009 AB 18:00 UHR STERNZEIT GOSLAR ALTSTADT** Seltsame Geschöpfe eroberten von allen Seiten den Weihnachtsmarkt, standen vor den Glühweinständen im Weihnachtswald und den Fressbuden mit den leckeren Gerichten. War da nicht E.T.? Und da, das sind doch die Aliens aus Area 51. Yoda lehnt lässig locker an einem Weihnachtswaldbaum und schlürft Glühwein. Möge die Macht mit ihm sein. Mr. Worf und Seven of Nine schlendern Arm in Arm an den Buden mit der Weihnachtsdeko vorbei. „Faszinierend." Mr. Spock hält kopfschüttelnd eine große, von Hand bemalte Weihnachtskugel hoch. Durch Schneegestöber jagt der Weihnachtsmann auf seinem voll beladenen Schlitten, gezogen von vier Rentieren, über das eisblaue Firmament. Eines der Rentiere hat eine rote Nase. Kopfschüttelnd legt Spock die Kugel zurück. Zwei Jedi-Ritter versuchen mit Republikanischen Credits ihren heißen Wöltingeroder Zimtlikör zu bezahlen, während Alf drauf und dran ist, die Plüschkatze der Losbude der Stadtlotterie zu fressen. Darth Vader und seine Imperialen

Krieger zanken sich mit einigen Goslarer Halbstarken. Gierig und unbeherrscht drängeln YaYa Bings und Chewbacca in der Bratwürstchenschlange. Oh nein, da fällt YaYa, der Tollpatsch, in die Bude. Zwei Zyklonen versuchen die Budenbesitzerin zu beruhigen. Vergeblich, die Blechgesellen scheinen ihr nicht sehr vertrauenswürdig. Da sind auch schon die Men in Black. Wegblitzen hilft nicht. Immer mehr außerirdische Gestalten bevölkern den Weihnachtsmarkt: Fiese Wraith, grüne Marsmenschen, Goa Ulds, Valera mittendrin.

Der Name passte. Ihre Eltern waren Trekkies. Valera konnte es sich einfach machen, streng frisiertes glattes dunkles Haar, Spitzohrattrappen – fertig war die Vulkanierin. Eine Bekannte hatte sie auf das Alientreffen aufmerksam gemacht. Nach zehn Jahren, die sie schon im Kaiserstädtchen lebte und arbeitete, fühlte sie sich immer noch als Fremde. Wie mir geht es vielen, dachte sie.

Nein, es ist nicht leicht, hier heimisch zu werden. Die Eingeborenen bleiben unter sich. Anfangs versuchte sie es in verschiedenen Gruppen, sogar in der Kirchengemeinde. Als sie nach dem x-ten Mal wieder außen vor stand und niemand mit ihr sprach, außer „guten Tag" und „guten Weg", gab sie es auf. Klüngel und Dünkel, selbst bei Beffchen, Bibel und Butterkuchen. Sicher, Goslar ist ein hübsches altes Städtchen. Für Zugezogene bleibt es schöne Fassade und Diaspora.

GOSLAR.

Valera hat es aus Cuxhaven nach Goslar verschlagen. Der Harz, oh Verzeihung, Goslar liegt am Harz, jedenfalls erschien ihr hier alles düster. Sie sehnte sich nach dem transparenten Licht der Wasserkante. Der opake Himmel, die dunklen Berge, finsteren Tannen und Fichtenwälder, die schwarzverschieferten, kleinen, windschiefen Häuser mit den winzigen Fenstern, die in schmale, lichtscheue Gassen verstohlen auf das gegenüberliegende schwarzschiefrige Haus blicken – selbst die Menschen erschienen ihr verschlossener, ihre Grundstimmung düsterer, als die der Menschen in der offenen Weite des Nordens. Befinden und Befindlichkeit bedingen sich, da war sie sich sicher. Wer keine Depris hat, der ziehe in den Harz!

„Mein Gott, geht hier denn nie die Sonne auf?!" hat sie in einer schwachen Minute ihrer Nachbarin, einer alteingesessenen Goslarerin geklagt, als sie diese im Hausflur traf.

Frau Fricke schaute sie entgeistert an. „Wieso? Seien Sie froh, dass Sie nicht in Clausthal wohnen. Da ist es wirklich düster, die Sommer kurz und die Winter lang, kalt und finster."

Valera dachte an Ortsnamen wie *Elend* und *Sorge*. Gewiss, es konnte einen schlimmer treffen.

Sie hatte seither nie mehr gewagt zu jammern.

„Hallo!" hört sie neben sich eine freundliche weibliche Stimme. „Wie heißt Du?"

„Valera."

„Im Ernst?"

„Klar."

„Super! Mein Name ist Aishe", sagt Seven of Nine, „und Mr. Worf hier heißt mit bürgerlichem Namen Harry." Seven of Nine lacht: „Hier ist es nicht wie bei den Borgs. Es bedarf keines Widerstandes. Niemand versucht, dich zu assimilieren. Mit Integration wäre ich schon zufrieden."

„Es gibt viele von uns. Noch nach Jahrzehnten Fremde, leben wir verstreut unter den Eingeborenen, unerkannt und unbekannt. Aber mit so vielen hatte ich nicht gerechnet", bekennt Valera.

„Weihnachten ist das Fest des Friedens und, so gemahnt die Legende von Bethlehem, der Freundlichkeit und Offenheit gegenüber Fremden", gibt Mr. Spock zu bedenken, der sich zu ihnen gesellt hat. „Gestatten, Mustafa."

„Ist Freundlichkeit logisch?" fragt Harry-Worf.

„Es gibt kaum etwas Logischeres als Freundlichkeit und Offenheit. Sie gliedern ein und schaffen Gemeinschaft und Frieden."

„Ja", ergänzt Aishe-Seven of Nine, „sie machen das Leben leichter und angenehmer. Das Leben ist ohne gegenseitiges Angegrunze, Dünkelhaftigkeit und Xenophobie schon hart genug. Warum es sich noch unnötig vermiesen?"

„Wusstet ihr, dass das deutsche Grüßen vom mittelhochdeutschen Gruonzen, Angrunzen kommen soll?" Valera grinst schief.

„Wer hat's erfunden?" fragt Harry-Worf. „Die Harzer?"

„Na, so schlimm sind sie nun auch wieder nicht", entgegnet Mustafa-Spock.

„Wenn man sie erst mal näher kennengelernt hat, sind sie ganz nett", setzt Aishe-Seven of Nine die Rede fort.

„Genau, wenn man sie näher kennengelernt hat", bestätigt Valera.

„Wer von euch mit einem Harzer näher bekannt ist, der möge vortreten", beschließt Harry-Worf.

Niemand rührt sich. Sie lachen gemeinsam.

An ihnen vorbei zieht eine Alienpolonaise, angeführt von dem Nietzscheaner Tyr Anasazi und Trance Gemini, gefolgt von Luke Skywalker. Ein Goa Uld fordert sie freundlich auf, sich anzuschließen.

Spät in der Nacht im „Tiffany's", bei einem guten Gose, schreit Obi-Wan Kenobi, der eigentlich Christian heißt, gegen die Musik an: „Der 25.12. hieß bei den Römern Sol Invictus. Die Sonne, das Licht, hat über die Finsternis gesiegt, die Düsternis vertrieben. Nicht nur der Alkohol wärmt unsere Herzen und lässt Augen glänzen."

„In Goslar geht in tiefster Nacht die Sonne auf", wirft Valera ein.

„Lasst uns Goslar zu unserer Cheimat machen!" ruft E.T.

„Herzlich willkommen!" schallt es unisono aus den Mündern der Aliens von Area 51.

„Wow!" entfährt es Emma alias Prinzessin Amidala, „Undercover-Aliens! Echte Goslarer! Wer hätte das gedacht? Wer ist noch von hier? Eingeborene bitte melden!"

Zögernd gehen eins, zwei, drei, vier – viele Hände hoch. Schweigen – dann Lachen und Gläserklingen.

„Widerstand ist zwecklos!" kichern ein paar Harzer Borgs. „Ihr seid assimiliert."

„Das nennen die Menschen wohl Geist der Weihnacht", schlussfolgert Mustafa-Spock.

Yoda richtet sich in voller Größe auf, hebt die Arme, seinen Stab in der Rechten, zur Orantenhaltung und lässt seinen Bariton im besten Alle-meine-Lämmer-Sound über die Anwesenden ertönen: „Möge die Macht mit euch allen sein und die Kraft und die Herrlichkeit in Ewigkeit, Amen, Om und so weiter."

„Ich will nicht mehr nach Chause telefonieren", jubelt E.T. und hebt seinen dicken langen Zeigefinger. „Ich cheiße übrigens Wassilij."

Nachttrunken, noch dicht vermummt in dunklem Wintergrau, dämmert klirrend kalt der junge Tag herauf. Es riecht nach Schnee. In der Haustür dreht Valera sich noch einmal um, schnuppert und atmet tief durch. *Die Zeit des spätesten Sonnenaufgangs – es kann nur lichter und wärmer werden, selbst im Harz, selbst in Goslar.* Sie lächelt bei dem Gedanken und der Erinnerung an die jedes Mal wiederholten Abschiedsworte: „25.12.2010, same procedure as last year."

Ja, same procedure as every year.

Montag, 28.12.2009: Goslarer Zeitung, S.18[1]

Sie sind unter uns!
Aliens erobern die Altstadt-Kneipen

Bestens besuchte Alien-Sause am ersten Weihnachtsfeiertag lässt Zugezogene und Goslarer gemeinsam bis in die Morgenstunden feiern.
Von Arthur Dent

Erster Weihnachtsfeiertag, 18:00 Uhr Sternzeit. Mustafa alias Mr. Spock betritt mit anderen Außerirdischen das „Tiffany's". Nachdem sie für allgemeine Verunsicherung auf dem Weihnachtsmarkt gesorgt haben, markieren sie mit ihrem Eintreffen die große Alien-Sause in der Kaiserstadt. Noch bekommt die bunte Truppe mühelos Sitzplätze, vereinzelt trudeln andere seltsame Gestalten ein. Zur Begrüßung werden Hände mit gespreiztem Mittel- und

---

[1] Der fiktive Zeitungsartikel basiert auf dem Artikel von Sebastian Sowa aus der GZ vom 28.12.2009, S. 18: *Ehemalige erobern Altstadt-Kneipen.*

Zeigefinger aneinandergelegt, gelegentlich aber auch Küsschen verteilt. Noch ist alles beschaulich.

Spontaner Türsteher

Drei Stunden später ist das „Tiffany's" rappelvoll mit Vulkaniern, Goa Ulds und anderen außerirdischen Spezies – nichts geht mehr. Der Chef muss kurzerhand sogar die Landeluken schließen und auf der Schwelle zum Hyperraum einen Türsteher organisieren. Ein Vogone übernimmt gern den Job. Das intergalaktisch bunte Partyvolk stört das wenig. Andrea, Maike und Michael, drei Aliens aus Area 51, warten geduldig, bis sie endlich rein dürfen. „Macht nichts, war nur ein wenig kalt", lautet ihr Kommentar. Nach Schätzungen vergnügten sich zeitweise mehr als 600 Party-Aliens in der Disco.

Neuauflage versprochen

Die häufigsten Sätze an diesem Abend sind: „Wo kommst du her?" – „Wie lange lebst du schon in Goslar?" Seven of Nine, eigentlich Aishe, muss bestimmt zehnmal antworten. „Von wegen Begegnung der dritten Art, irgendwie will ich den Leuten gar nicht mehr erzählen, dass meine Familie schon in dritter Generation in Goslar lebt und ich hier aufgewachsen bin und jetzt als Arzthelferin arbeite. Vielleicht erfinde ich was wie: Bin das siebte von neun Kopftuchmädchen aus dem tiefsten Anatolien und leite hier die Selbsthilfegruppe für gestrandete und nicht assimilierte Borgs und andere Emigranten." Um ein Uhr Sternzeit ist die Stimmung auf dem Siedepunkt. Selbst auf der Treppe und auf den Gängen wird getanzt. Es kommt zu spontanen Verbrüderungsszenen zwischen Goslarer

Eingeborenen und den Goslarer Aliens. Auch sonst gleicht die Innenstadt einer großen Partymeile. In der Musikkneipe „Kö", im „New Charleston" und im „Rast: Werk" gibt es kaum ein Durchkommen. Das „Heaven's Door" gleicht einem Stargate, durch das die Aliens Einlass in die Partyzone begehren. Gegen halb sechs schleichen die Letzten heim in ihre Betten. Immer wieder ist das Versprechen zu hören: „Nächstes Jahr, selber Ort, selbe Zeit".

Christiana Baier

Das Walddorf am Laki

Pastor Fischer hatte zu Pfingsten den Segen erteilt, das Abendmahl gespendet und vielen Wolfshägern die Hände geschüttelt. Nun zog die Gemeinde schwatzend von dannen. Der Altarist trat auf ihn zu. „Auf ein Wort, Herr Pastor." Der wehrte ab. „Nachher, Mittendorf. Jetzt erst die Trauung!"

Da warteten sie schon, der Waldarbeiter Paal und seine Hure und mit ihnen die Hochzeitsgesellschaft. Da stand die Braut hochgewölbten Leibes, frech den Myrthenkranz im Haar, gerade so, als träte eine keusche Jungfrau vor den Altar. Wie oft hatte er sich schon über all die unehrlichen Geburten und die ledigen Mütter aufgeregt, über all die dicken Bäuche vor seinem Traualtar! Auch sein Amtsvorgänger hatte sich über das sündhafte Treiben der jungen Leute immer wieder empört und Bemerkungen im Kirchenbuch hinterlassen. Rasch schritt der Seelenhirte auf die Hochzeiter zu und riss mit energischer Hand der Braut den Kranz vom Kopf. Die fing an zu heulen, aber ihre Mutter schob sie in Richtung Altar. „Dass die Schande nun ein Ende hat ...!"

Beim Mittagsmahl im Krug traten die beiden Altaristen[1] Bauerochse[2] und Mittendorf[3] mit gezogenem Hut an den

---

[1] Auch Kirchenvorsteher genannt. Fungierten als Rechnungsführer.
[2] Heinrich Conrad Bauerochse, geboren 1727, war Köhlermeister.
[3] Sigmund Engelhard Mittendorf, geboren 1690, ebenfalls Köhlermeister. War zur Zeit des Geschehens 1783 Altvater.

Tisch des Pastors. Es ging um die Orgel. Die Gemeinde hatte fast die Hälfte des Geldes beisammen und hoffte nun, das Übrige in Raten zahlen zu dürfen. „Wir wünschen sehnlichst eine Orgel zum Weihnachtsfest, wie andere Gemeinden sie haben. Herr Pastor, wir bitten ergebenst um Fürsprache beim Orgelbauer." Eine tiefe Befriedigung stieg in dem frommen Manne auf. Es gab doch noch eine Menge anständiger Christenmenschen in diesem Dorf. Er versprach, sein Bestes zu tun.

Einige Tage später lag ein übel schwefeliger Gestank in der Luft über dem Astfelder Pfarrhaus. Als der Pastor an Trinitatis[4] in seiner Filia[5] Wolfshagen ankam, klagten auch dort die Leute über den stechenden, bedrückenden Dunst. Ein alter Mann war vorgestern beim Heuen umgekippt und verstorben. Den musste er heute noch begraben.

Die Kirche war leerer als sonst. Während des Gottesdienstes störten mannigfache Hustenanfälle von allen Seiten die Andacht der Gläubigen erheblich. Besonders die Paalkinder vom Jahnskamp bölsterten sich schier die Seele aus dem Leibe. Er musste tatsächlich innehalten mit seiner Predigt, bis die Mutter die beiden nach draußen geführt hatte. Auch die alte Mögebier, die bisher immer noch rüstig mit der Kiepe marschiert war, stöhnte jämmerlich und jappte nach Luft. So etwas war im Juni noch

---

[4] Sonntag nach Pfingsten.
[5] Wolfshagen wurde seelsorgerisch seit 1658 von Astfeld aus betreut, vorher von Lauthental. Pastor Fischer trat 1779 sein Amt in Wolfshagen an und war zugleich Pfarrer in Astfeld.

nie vorgekommen. Selbst im kältesten Januar hatten nicht so viele gehustet.

Beim Mittagsmahl erfuhr der Prediger vom Wirt, dass mehrere im Dorf sehr elend zu Hause darnieder lägen. Alle litten an Atemnot wie die Mögebier, husteten fürchterlich und klagten über einen schmerzenden wunden Hals oder Stiche im Brustkorb. Viele trauten sich kaum noch raus aus dem Haus. Ratlos blickte der Krüger auf den Geistlichen. Der mahnte nochmals, wie schon in der Kirche, zu Gebet und Buße und streng sittlicher Lebensführung. Dann werde der Herrgott ein Erbarmen haben.

Auf zwei Stunden nach Mittag hatte der Pfarrer die Beerdigung angesetzt. Während der armselige Leichenzug sich langsam zum Seelenacker bewegte, knickte einer der vier Sargträger unter dem Gewicht ein, so dass die Bretterkiste auf den Mann herabstürzte. Obwohl gleich von der Last befreit, blieb der kräftige Bursche um Atem ringend liegen. So trugen die anderen ihn erst mal nach Hause. Der tote Henri konnte warten im Schatten einer Linde.

Lippen und Schleimhäute des Zusammengebrochenen waren bläulich angelaufen. Kaum aufs Lager gebettet, hauchte er seinen Geist aus. Die alte Trina rannte durchs Dorf, pochte wie wild an die Haustüren und schrie: „Nun ist dem Heine sein Stoffel auch tot! Der Satan holt uns alle."

Den Dörflern lief ein Schauer über den Rücken. Wieso denn Heines Stoffel?! Der war doch immer gesund und kräftig, hieß es. Brachte mit wenigen Axthieben eine Tanne zu Fall. Die Leute verkrochen sich in ihre Häuser.

Dem Pastor wurde es schwindelig auf dem schattenlosen Friedhof, er hielt die Ansprache an Henris Grab kürzer als gewöhnlich und machte sich bald auf den Rückweg nach Astfeld. Eine Gluthitze lag über dem Land. Die Tölle zur Linken der Straße war bald nur noch ein spärliches Rinnsal. So hatte er den stolzen Bach in fünf Amtsjahren in Wolfshagen noch nie wahrgenommen. Selbst im Schatten der Eichen war es unerträglich heiß. Mit dem Ärmel wischte sich Fischer den Schweiß von der Stirn. Ausgerechnet heute war kein Fuhrwerk in Sicht. Wie oft hatte er schon über Transporte am Sonntag gewettert, und weder die Astfelder noch die Wolfshäger Fuhrleute hatten sich drum gekümmert.

Die beiden Toten und die vielen Krankheitsfälle gingen ihm wieder und wieder durch den Kopf. Er dachte an das neumodische Gerede von Ansteckung, aber eine solche Seuche gab es doch gar nicht. Andere sprachen von einer höchst unheilvollen Stellung von Jupiter und Saturn. Aber so etwas Unchristliches zog er als Geistlicher natürlich nicht ernsthaft in Erwägung. Er überlegte angestrengt. Sollte doch der Teufel dahinterstecken? Die alte Trina hatte etwas Hellsichtiges. Das hatte sich auch früher schon erwiesen.

Endlich war er wieder in seinem Pfarrhaus angelangt. Wasser, Wasser! Endlich den Durst löschen und die müden Glieder ausstrecken in der kühlen Kammer an der Nordseite. Doch kaum lag er, da rief seine Hausfrau, es gäbe einen neuen Todesfall. Eine junge Familienmutter, kurz vor der dritten Entbindung, war beim Heuwenden tot umgefallen. Der Witwer verweigerte es, sich um die Begräbnisvorbereitungen zu kümmern. Als Grund nannte er, was seit Wochen das ganze Dorf wusste. Diesem verkommenen Frauenzimmer und ihrem Balg werde er keinen Sarg bezahlen. Es geschehe ihr recht, dass der Teufel sie auf eben der Wiese gewürgt habe, wo sie gesündigt hatte. Auch sie war blau angelaufen.

Zwei Tage später legte der Pastor beim Orgelbauer in Goslar für die Wolfshäger ein gutes Wort ein. Der sagte auch zu, zum Advent zu liefern, vorausgesetzt, die Gemeinde würde noch die Hälfte des bisher angesparten Betrages drauflegen und ihm zum Tag des Heiligen Martin[6] überbringen. Das letzte Viertel wäre dann erst zu Ostern fällig.

Diese frohe Botschaft wurde dem Altaristen und Dorfältesten Engelhard Mittendorf von Kiepenfrauen überbracht, die Gemüse zum Verkauf aus dem Harzvorland herangeschleppt hatten und dabei durch Astfeld gekommen waren. Sie berichteten auch, dass der Pastor leidend zu Bette liege.

Am zweiten Sonntag nach Trinitatis warteten die Wolfshäger im kühlen Kirchenbau vergebens auf ihren Seelenhirten. Aber keiner wollte ungetröstet nach Hause gehen. Und so las Engelhard Mittendorf die für diesen Sonntag vorgesehenen Bibelworte, die er aus seinem langen Christenleben genau kannte. In der Hoffnung, der Pastor werde

---

[6] Martinstag am 11. November.

doch noch kommen, sang die Gemeinde ein Kirchenlied nach dem anderen. Zwischendurch gellten die schrillen Rufe der alten Trina durch das Kirchenschiff. „Tut Buße, ihr Sünder! Ihr Lodderbaste, ihr Huren!"

Schließlich beteten alle das Vaterunser gemeinsam und sprachen das Glaubensbekenntnis. Zum Schluss sprach der Altarist Bauerochse noch ein Gebet für den Herrn Pastor, dass er ihnen erhalten bleiben möge. Um Himmels willen! In dieser Zeit auch noch ohne seelsorgerlichen Beistand zu sein, davor graute den meisten.

Und was sollte mit den Toten geschehen? In der vergangenen Woche waren drei weitere Dorfleute verstorben. Die mussten dringend unter die Erde. Im kleinen Leichenhaus stank es aus den einfachen Brettersärgen. Die Männer des Kirchenvorstandes beschlossen angesichts der Notlage ohne ordentliche Sitzung, dass der Totengräber die Verstorbenen erst mal einbuddeln sollte. Den Segen könne der Herr Pastor dann immer noch sprechen.

Zu Anfang Juli hustete und keuchte das halbe Dorf. Und besonders die, die draußen im Freien schwere Arbeit verrichteten, die Holzfäller, die Sensenmänner, die stundenlang in der Gluthitze das Gras geschnitten hatten, und die Frauen, die das Heu in riesigen Lasten von oft weit abgelegenen Wiesen auf dem Buckel nach Hause schleppten. Sie alle klagten immer öfter über böse Stiche im Brustkorb und rangen um Atem.

CLAUSTHAL

Kein Regen erfrischte das Land. Nur ein paarmal in den letzten Wochen hatte es kläglich getröpfelt. Die Getreidesaat war verdorrt. Alle jammerten und fürchteten eine Hungersnot. Eine neue Ernte war überlebenswichtig. Auch hörte man, dass es im flachen Land vor dem Harze nicht besser aussehe. Mit Mühe hielten die Frauen das bisschen Obst und Gemüse und vor allem die nahrhaften Erdäpfel[7] im Hausgarten am Wachsen, indem sie Wasser vom Teiche und von den Bächen heranschleppten, die auch immer mehr austrockneten. Das war der schlimmste Juni seit Menschengedenken. Die Sonne leuchtete glutrot am Morgen und am Abend. Tagsüber schimmerte sie nur durch den diesigen Dunst, und trotzdem war es stickig

---

[7] Im Harz wurden die ersten Kartoffeln 1747 bei Braunlage angebaut, auf Anregung des Forst- und Oberjägermeisters Johann Georg von Langen. Bei Braunlage steht noch ein Kartoffeldenkmal aus dieser Zeit.

heiß. Am unheimlichsten aber waren allen der Aschenregen und der furchtbare Schwefelgestank. Gewiss standen die Tore der Hölle schon offen, das glaubten nun immer mehr Leute, und dass ihre Tage gezählt waren.

Engelhard Mittendorf ging nun wie die meisten alten Leute mittags nicht mehr aus dem Haus. Ende Mai hatte er, obgleich lange schon auf dem Altenteil, noch bei seinem Sohn Ernst[8] auf dem Hai[9] ausgeholfen und mit in der Köte übernachtet. Nun, bei dieser verderblichen Luft und den vielen Kranken, schien es ihm doch ratsam, Vorsicht walten zu lassen mit seinen 92 Jahren, denn er wollte zu gern noch die Konfirmation seiner nun zehnjährigen Tochter Lisa[10] mitfeiern. Er nahm sich vor, fortan auch mehr auf das Kind achtzugeben. Gleich am nächsten Morgen verbot er der Tochter eindringlich, mittags draußen rumzujachtern.

Eines Abends im späten Juli machte der Altvater sich nach längerem Unwohlsein mal wieder auf zum Dorfkrug. Seit Wochen herrschte Panik im Dorf. Keiner fand eine beruhigende Erklärung für das trübe Dämmerlicht, das selbst zu den Mittagsstunden herrschte. Wohl erklärte es

---

[8] Heinrich Ernst Mittendorf, Köhlermeister, geboren 1718. Engelhards ältester bekannter Sohn.
[9] Auch Hay, Hey, Hei, abgeleitet von hauen. Abgegrenzte Waldfläche, wo Holz geschlagen und in Meilern zu Kohle gebrannt wurde, die man im Harz in großen Mengen in den Schmelzhütten brauchte.
[10] Dorothea Elisabeth, geboren am 11. Juni 1773. Engelhards unehelich gezeugtes Kind. Siehe Text „Späte Mädchen".

sich aus dem beständigen rauchigen Höhendunst über den Dörfern. Der aber rührte nicht von den Meilern der Köhler her. Die hatten ihre Arbeit wegen der Dürre und großen Waldbrandgefahr längst eingestellt. Auch hätte die Kohlerei niemals solch rauchige Ausmaße angenommen.

Willgeroth, der Wirt[11] oben bei der Kirche, hatte meistens Neuigkeiten aus Goslar und den Oberharzer Bergstädten parat. Sein Vater kam als Fuhrmann viel rum und hörte so manches. Das Wirtshaus war voll, und alles redete aufgeregt durcheinander. Engelhard hielt sich an den Wirt und erfuhr die neuesten Krankheitsfälle. Da stürmte der Fuhrknecht Zacharias[12] in die Gaststube herein.

„Hört, Leute, hört zu!" brüllte er. „Kein einziges Schiff fährt mehr auf der Nordsee! Mehrere sind schon an den Klippen zerschellt."

„So steht die Dunstwolke auch über dem Meer? Und nicht nur hier bei uns im Lande?" Der Gemeindebäcker Tilly[13] war aufgeregt aufgesprungen.

„Waaas?! An der Küste auch! Woher weißt du das?" Alles schrie durcheinander.

„Ein Hamburger Kaufmann hat es meinem Fuhrherrn in Wolfenbüttel erzählt", berichtete Zacharias. „Im Holländischen, an der Weser, an der Elbe, überall steht der

---

[11] Jürgen Heinrich Willgeroth stammte aus einer Astfelder Familie. Betrieb den Wolfshäger Dorfkrug und einen Kramladen im Hof Ass. Nr. 23, dem späteren Gemeindeamt.
[12] Zacharias Bauerochse, 19 Jahre alt, Engelhards Enkel.
[13] Johann Friedrich Tilly, geboren 1752 in Hahnenklee. Sein Vater Georg Wilhelm Tilly war aus Hahnenklee zugewandert und hatte schon vor ihm das „Gemeine Backhaus" betrieben.

Höllenrauch. Und überall bölstern die Leute und krepieren."

„Der Herrgott hat uns verlassen", war zu hören, und „der Satan führt das Regiment". Nun hob ein Jammern und Klagen an im Saale.

„Vor allem bedeutet das Teuerung!" ließ Willgeroth mit seiner kräftigen Stimme vernehmen. „Die Waren werden immer knapper ..."

„Ah, verstehe. Wir sollen gleich bei ihm tüchtig einkaufen", rief der Pfiffikus Esaias[14]. Willgeroth hatte nämlich nicht nur die Krug-, sondern auch die Kramgerechtigkeit inne und konnte nun all seinen alten Plunder loswerden. Für einen Moment hallte Gelächter durch den Raum, dann wurde der Ton wieder ernst. Lange wurde noch debattiert in der Wirtsstube und auf dem Heimweg, und in der Nacht fand so mancher vor Sorgen nicht in den Schlaf.

Wie Engelhard befohlen hatte, blieb seine Tochter seit geraumer Zeit den Mittag über im Hause. Eines späten Nachmittags zu Anfang August türmten sich dunkle Wolken auf, und ein kalter Wind fuhr um die Häuser. Rundum zuckten grelle Blitze, und der Donner krachte, dass die Kinder vor Angst aufschrien und die Weiber sich auf die Knie warfen. Das Unwetter tobte mehr als zwei Stunden, ließ die Bäche überlaufen und verwüstete die Gärten. Als es endlich nachließ, atmete alles auf, dass die Trockenheit

---

[14] Esaias Christian Mittendorf, geboren 1764. Später selber Krüger und Altarist.

vorüber war, und die Kinder stürzten raus wie wild und sprangen im Tröpfelregen umher.

Doch bald kam Lisa angerannt und schrie wie am Spieße: „Meine Füße brennen! Das Wasser brennt!"

Ihre Mutter Hedwig rubbelte sie schnell trocken, aber Lisa jammerte weiter. „Mein Gesicht brennt, meine Hände!"

Kurzentschlossen drückte der Vater ihren Kopf in einen Eimer Wasser, den er für die Tränke der beiden Kühe bereitgestellt hatte, dann auch noch die Hände und Füße. „Schnell weg mit den nassen Klatern!" schrie Engelhard, und eiligst zog Hedwig der Tochter das feuchte Kleid aus. Abends strich sie ihr eine Salbe auf die brennenden Flecken.

Beim Kräuterweib hatte sie erfahren, dass vielen Kindern die Haut verätzt war. Aber noch viel schlimmer litten all die, die in den schweren Wolkenbruch geraten waren. Am nächsten Tag wusste es das ganze Dorf. Die junge Magd bei Stellmacher Deppe hatte die Augen schwer verätzt und konnte nicht mehr sehen. So oft man ihr den Kopf auch in die Pferdetränke getunkt hatte, es war zu spät. Einigen anderen ging es ähnlich. Auch die Kühe auf der Weide siechten dahin, und etliches Vieh verendete.

Nun waren es schon so viele Todesfälle in seinen beiden Gemeinden, dass der Pfarrer kaum noch deren Namen erinnerte. Und ob die alle schon eingetragen waren ins Sterberegister? Während seiner Krankheit hatte das der Schulmeister übernehmen sollen. Seit Wochen hatte der Geistliche Tag für Tag reichlich zu tun, tröstende Worte zu finden für die Sterbenden und für die Angehörigen, die sie zu Grabe trugen. Die vielen Fußmärsche waren für ihn nicht mehr zu schaffen. Er ließ sich nun vom Fuhrknecht Zacharias, der unweit vom Astfelder Pfarrhaus bei Jakob Willgeroth[15] in Arbeit und Brot stand, des Sonntags und zu Beerdigungen nach Wolfshagen kutschieren. Denn seine Pflicht als Seelenhirte wollte er auf keinen Fall dauerhaft vernachlässigen. Auch wenn er es selbst auf der Brust hatte und nicht recht bei Kräften war.

Immer mehr Leute erwarteten voller Angst den Weltuntergang und das Jüngste Gericht. Nach dem Tod der Hure Grete[16] fand die alte Trina mit ihren düsteren Prophezeiungen immer mehr Gehör. Fischer hatte solche Gedanken stets wieder weggeschoben, aber wenn er es recht überlegte, gab es doch reichlich Sünder in den Dörfern. Nicht von der allerschlimmsten Sorte, das wollte er einräumen, aber doch eine Menge Saufbrüder, Wilderer, Holzdiebe, Raufbolde und Leute, die es mit der Wahrheit nicht so genau nahmen. Aber vor allem Ehebrecher und Unkeusche, die es nicht abwarten konnten. Waren unter den jüngst Verstorbenen nicht auffallend viele Fälle, de-

---

[15] Geboren in den 1720er Jahren. Fuhrmann in Astfeld. Vater des Wolfshäger Krügers.
[16] Margarethe Elisabeth, Tochter des früheren Krügers Julius Mittendorf. Obwohl mit dem Köhlermeister Julius Wilhelm Heine verheiratet, bekam sie eine Tochter von einem Ortsfremden. Der empörte Pfarrer trug sie ins Kirchenbuch ein als „eine freche Hure", und es gab eine Akte über den Fall, die leider verschollen ist. Sie starb am 18. Juli 1783.

ren Lebenswandel ausschweifend, sogar anrüchig war? Auch war jüngst ein Kind der Sünde umgekommen mit blauen Lippen und Blut in den Mundwinkeln.

Wenn er es so recht bedachte, konnte er ein göttliches Strafgericht doch nicht ausschließen. Und so, um als guter Hirte seine Schafe zu retten, donnerte er am folgenden Sonntag eine Strafpredigt über die Häupter der Wolfshäger Gemeinde, so aufwühlend und beängstigend, dass die Verzweifelten sich während seiner Predigt auf die Knie warfen und Gott um Vergebung ihrer Sünden anflehten. Diese Reue schien dem Pastor echt und tief, und es deuchte ihm, dass er durch weitere strenge Worte durchaus eine moralische Festigung seiner Gemeinden erreichen könnte.

Eine Woche später, nach der nächsten Strafpredigt, ermahnte er die Kirchengemeinde, diesmal mehr in den Klingelbeutel zu werfen, sonst käme das nötige Geld für die Orgel nicht rechtzeitig zusammen. Aber die Leute schüttelten nur stumm den Kopf. Manche hatten sich nach der kargen Kost der Arbeitstage lieber noch eine Scheibe Speck fürs Sonntagsessen gekauft oder etwas Schmorwurst. Die Getreideernte war so mager, dass der Preis für Korn und Mehl schon deutlich angestiegen war. Viele konnten kaum mehr das tägliche Brot bezahlen.

Die zerknirschten Wolfshäger versuchten, wenigstens ein paar kleine Münzen für die Sonntagskollekte zurückzulegen. Doch von Woche zu Woche wurden es weniger, die etwas einwarfen. Die Leute schlugen die Augen nieder, wenn der Beutel durch ihre Reihen ging. Wie gern hätten sie etwas gegeben.

Die Kartoffelernte im September brachte nur mickerige Gnattchen zum Vorschein. Außerdem waren die Äcker nur klein, und nicht jeder Hof hatte diese neue Feldfrucht angebaut. Auch erkrankten noch immer zahlreiche Leute an Husten und Atemnot, und immer mehr klagten über Bauchgrimmen und schwere Verdauungsprobleme. Von Monat zu Monat litten mehr Leute Hunger.

Ende September traf ein seltener Besucher ein im Astfelder Pfarrhaus. Ein Jugendfreund Fischers, nun Professor in Helmstedt[17], machte eine Nachmittagsstunde Halt auf dem Weg von Goslar nach Göttingen. Der brachte einen kleinen Stapel ausgelesener Intelligenzblätter mit, wohl ahnend, dass sein Freund hier in dem armseligen Nest kaum Zugang zu Blättern der Bildungskreise habe. Am nächsten Abend, nach Erledigung all seiner Amtspflichten, schlug der Pfarrer freudig die erste Zeitung auf. Was man da so alles erfuhr aus den Städten der Welt! Hier lebte man doch sehr im Abseits! Die Briten und die aufständischen Amerikaner hatten endlich Frieden[18] geschlossen. Ein Heißluftballon war über Versailles geschwebt vor den staunenden Augen des Königspaares[19].

---

[17] Herzog Julius von Braunschweig gründete 1576 die Universität, die bis 1810 bestand.
[18] Friedensvertrag von Versailles September 1783. 17 bisher britische Kolonien in Amerika wurden unabhängig.
[19] Am 19. September 1783 startete in Versailles vor den Augen König Ludwigs XVI. und der Königin Marie Antoinette ein Heißluftballon.

Er las seiner Frau ein paar Artikel vor, bis diese gähnte und lieber ins Bett ging. Er aber konnte gar nicht aufhören, so interessant war alles. Was stand da?! Ein Feuerberg im eisigen Norden, Laki[20] geheißen, sollte schuld sein an all den Kranken auf dem Festland. Er verdunkle die Sonne, war da zu lesen, er stoße die Giftwolken aus, er bedecke die Felder mit giftiger Asche. Nicht unheilvolle Sternkonstellationen seien schuld und auch nicht der Satan. Das sei alles abergläubischer Unsinn und eines aufgeklärten Zeitalters nicht würdig. Hier wirkten vielmehr seit Monaten die Kräfte der Natur verderblich. Der Vulkanismus im fernen Norden vergifte Wasser, Felder, Vieh und Menschen, weit über die Länder Europas. Mehrere Gelehrte von berühmten Universitäten vertraten entschieden diese Ansicht.

Wie vor den Kopf geschlagen saß der Pfarrer da. Erschüttert lag er fast die ganze Nacht über wach. Am nächsten Tag entwarf er eine Predigt der Milde, die vor allem die verzagten Wolfshäger wieder aufrichten sollte.

---

[20] Vulkan Laki auf Island. Ausgebrochen am Pfingstsonntag, den 12. Juni 1783. War tätig bis 7. Februar 1784. Die Laki-Eruptionen zählen zu den schwerwiegendsten der letzten 2000 Jahre. Der Ausbruch hatte tiefgreifende Auswirkungen auf das globale Klima, das sich auf Jahre abkühlte. Ungeheure Mengen an Schwefeldioxid bildeten zusammen mit Wasserpartikeln eine giftige Aerosolwolke (Höhenrauch oder trockener Nebel genannt). Fluorreiche Vulkanasche vergiftete Gärten, Felder und Wiesen. Das Weidevieh verendete an Fluorose. Es kam zu Missernten und Hungersnöten noch Jahre später. In England allein starben 23.000 Menschen infolge der Laki-Katastrophe.

Am letzten Sonntag des Septembers erblickte Fischer, gerade als sie auf das Fürstliche Jägerhaus zufuhren, eine Heidenrauferei von jungen Dorfburschen. Sicher hatten sie schon wieder Branntwein konsumiert. Und das am Sonntag vor dem heiligen Gottesdienst! Schlimm genug, wenn die Männer danach soffen und kein Geld mehr für die vielen hungrigen Mäuler[21] da war.

Kaum war er vor St. Thomas angelangt, stürzte die Bothesche, die Witwe mit den drei ledigen Töchtern, auf ihn zu und berichtete aufgeregt, dass der junge Zimmermeister Rowold sich nun doch endlich zur Hochzeit mit Lotte durchgerungen habe. Das Kind werde diesen Monat erwartet, und sie bitte um ein sofortiges Aufgebot. Das war mehr, als der Pastor aushalten konnte. Aus der Predigt der Milde wurde nichts.

Nicht einmal zu Mittag essen wollte er in diesem Dorf und ließ sich nach dem Gottesdienst sofort zurückkutschieren.

Zum Erntedank herrschte immer noch Dürre. Was man an Feldfrüchten einbrachte, war kaum der Rede wert. Die Weinernte aber sei gut ausgefallen, hörte man von den Fuhrleuten. Für die Winzer an Rhein und Mosel sei dies ein gesegnetes Jahr. Hier im Umland dagegen hatte Gevatter Tod die größte Ernte eingefahren. Was die Walddörfler an Gaben vor dem Altar abgelegt hatten, war so

---

[21] Wolfshagen zählte zu den besonders armen Dörfern des Landes Braunschweig und war eines der kinderreichsten.

kläglich wenig, dass der Pastor erschrak. Einige Frauen weinten vor Scham, dass sie mit leeren Händen dastanden. Die klapprige alte Giesecke legte noch zwei winzige Kartoffeln hinzu. Das jüngste Mädchen des Flickschusters Jühnke brachte den Apfel, den die Familie aufgespart hatte. Die Altaristen erklärten betreten, in vielen Häusern herrsche Hunger, der Herr Pastor möge verzeihen. Und wie sie den Winter überstehen sollten, das wisse niemand. Nach sommerwarmem Oktober wurde es zu Allerheiligen über Nacht eisigkalt.

Am Sonntag vor Martini fragte der Pfarrer noch einmal halbherzig an, wie es denn mit dem Geld für die Orgel aussähe. Zu gern hätte er die Rate für den Orgelbauer mitgenommen. „Nun, Mittendorf, so händigt mir den Betrag aus", sprach er zum Altaristen. Der reichte ihm einen kleinen Lederbeutel, bei dessen Anblick Fischer schon ahnte, dass der Inhalt höchstens für eine Harzzither[22] ausreichte. Als er das Geld zählte, war ihm klar, dass auch seine persönlichen Ersparnisse zum Aufstocken nicht genügen würden. Das Essen im Dorfkrug schmeckte ihm nicht so recht, und bekümmert fuhr er davon.

In seiner nächsten Predigt klärte der Pastor die gramgebeugten Wolfshäger darüber auf, was er schon Wochen vorher in den Zeitungen gelesen und lieber für sich behal-

---

[22] Auch Zister, Bergmanns- oder Waldzither genannt. Zupfinstrument aus der Familie der Kastenhalslauten. Stets mit Metallseiten.

ten hatte. Sein Gewissen drückte ihn, und es wurde auch immer mehr gemunkelt, dass all das Elend gar nicht durch sündhafte Menschen verursacht sei. Einige wollten das nicht wahrhaben und lieber weiter ihre täglichen Bußübungen verrichten, anderen liefen vor Erleichterung die Tränen runter.

Als der erste Advent gefeiert wurde, kam nachmittags Fischers Neffe zu Besuch ins Pfarrhaus. Der studierte in Helmstedt auf Schulmeisterei. Der Onkel berichtete dem Burschen von seinem Kummer über die armen Dorfleute, die sich so sehr, aber vergebens eine Orgel zum Weihnachtsfest gewünscht hatten. Da hatte der Neffe einen Einfall, der den Onkel begeisterte.

Zeitig vorm Weihnachtsgottesdienst fuhren zwei junge Burschen auf einem Fuhrwerk vor und trugen eine große, schwere Kiste in die Wolfshäger Kirche. Schnell verriegelten sie die Tür hinter sich, damit ihnen niemand folgen konnte. Als der Küster später die Gemeinde in die Kirche hineinließ, war von den beiden nichts zu sehen. Nachdem die Gläubigen unten eng beieinander ihre Plätze in der eisigen Kirche eingenommen hatten, blickte der Pastor verstohlen nach oben zur Empore über dem Eingang, entdeckte das verabredete Zeichen und nickte erleichtert. Da tönte es durch den Kirchenraum wie noch nie zuvor „Vom Himmel hoch, da komm ich her". Wie vom Donner gerührt, fuhren die Köpfe der Wolfshäger herum. Mit kraftvoller Stimme hörten sie ihren Pastor singen zu dem herrlichen Orgelklang[23] und fielen nach und nach alle ein in den Gesang. „Ein Wunder!" rief einer, „Gott hat ein Wunder getan."

Und manchen liefen die Tränen runter vor Glückseligkeit. Auch für den Pastor war es die schönste Stunde, die er in seiner Wolfshäger Kirche erlebt hatte.

---

[23] Hier handelte es sich um eine kleine transportable Orgel, die auf einen Tisch gestellt wurde. Die große, eingebaute Orgel bekamen die Wolfshäger erst 1786.

Peter Baier

Blöder Hund

Heike wollte den Jungen gerade zurechtweisen, weil er ohne Skier in der Loipe ging und die Spur zertrat, da sah sie, dass das Kind Tränen in den Augen hatte.

„Was hast du denn?" fragte sie den etwa Zehnjährigen. Sein Hund, er suche seinen Hund. Er habe ihn ganz laut gerufen, immer wieder, habe im Wald nach ihm gesucht, aber der viele Schnee, er sei ganz tief eingesunken. Das Kind zitterte vor Kälte.

„Bist du alleine hier?" fragte sie.

Papa und Mama seien unten im Gasthaus, erklärte der Bub. Der Junge war, bekam sie nach und nach heraus, mit seinen Eltern am Sonnenberg Ski gefahren, Blacky hatten sie derweil an einem Zaun festgebunden. Als die Skilifte vor einer halben Stunde abgestellt wurden, war der Hund nicht mehr da. Seither suchte der Junge nach ihm.

„Vielleicht ist Blacky ja schon bei deinen Eltern", tröstete sie ihn, „auf jeden Fall brauchst du jetzt eine warme Stube, sonst wirst du noch krank."

Sie begleitete ihn bis zum Gasthof „Altes Forsthaus". Es wurde schon langsam dämmrig. Heike musste sich beeilen, denn sie wollte noch um die Schneewittchenklippen laufen. Wie immer lief sie die Runde im Uhrzeigersinn, also gegen die in der Beschilderung vorgesehene Richtung. Es war dann fast nie jemand vor einem in der Spur, und vor allem hatte man die schöne Abfahrt im Wald.

Als sie den Anstieg hinter sich hatte, hörte sie ziemlich weit entfernt ein Bellen. Mit großen Schritten lief sie jetzt im höchstgelegenen Teil der Strecke. Die winterliche Märchenlandschaft hier mit den dick eingeschneiten Bäumen begeisterte sie jedes Mal aufs Neue. Wieder hörte sie das Hundegebell, es wiederholte sich in kurzen Abständen, schien näher zu kommen. Sie hatte den Beginn der Abfahrt erreicht, blieb stehen und lauschte. Das Bellen klang nun heiser, ging immer mehr in ein Winseln über. Der Hund konnte nicht mehr weit entfernt sein.

Wenn man am Stadtrand von Clausthal-Zellerfeld an einem Feldweg wohnt, können einem Hunde nicht gleichgültig sein. Entweder hat man mindestens einen, oder sie gehen einem zwangsläufig auf die Nerven. Weil sie, wann immer man aus dem Haus geht, auf den Weg geschissen haben. Heike konnte Hunde nicht leiden. Und vor allem hasste sie diese Hundehalter, die nicht fähig sind, ihren Köter zu erziehen, und schon gar nicht auf die Idee kommen, dessen Hinterlassenschaften zu entsorgen.

Im Sommer, wenn sie auf der Terrasse saß, wie oft wurde sie da durch lang anhaltendes Hundegebell genervt, weil ein paar gassiführende Damen ausgerechnet vor ihrem Garten ein Palaver halten mussten und ihre Hunde es ihnen lautstark nachmachten. Kurzum, sie fand dieses tägliche Hundetheater widerlich.

Heike schob sich mit den Stöcken kräftig an und ging in die Hocke. Sie liebte diese Abfahrt, die in sanften Kurven circa einen halben Kilometer durch den tief verschneiten Fichtenwald führte, gerade mit dem richtigen

Gefälle. Nur dann, wenn die Spur vereist war, wurde es gefährlich schnell, heute war es wieder perfekt.

Nach etwa dreihundert Metern war das Bellen ganz nah, klagend, fast flehend klang es. Sie nahm den rechten Ski aus der Spur, stellte ihn schräg und stemmte sich mit der Innenkante gegen den Schnee, bis sie zum Stehen kam. Das Tier schien um Hilfe zu betteln. Vermutlich hing es irgendwo fest, konnte sich nicht befreien. Warum, überlegte sie, hatte sie eigentlich angehalten? Es musste wohl ein Reflex sein, der typische Sentimentalitätsreflex des mitteleuropäischen Menschen sozusagen. Wie die Geschichte nun weiterzugehen hatte, war klar.

Sie musste mit den Skiern durch die Bäume stapfen und würde in vielleicht hundert Metern auf den Hund stoßen. Aufgeregt würde er sie anbellen, im Schnee hüpfen, aber nicht von der Stelle kommen, denn seine Leine hing an einer Fichte fest. Sie würde das straffe Band lösen und den armen Hund zum „Forsthaus" führen. Oder so ähnlich.

Doch nicht mit ihr! Was ging dieser blöde Kläffer sie an? Seit dem Start war sie keinem einzigen Skiläufer begegnet, sie war vermutlich die Letzte in der Loipe. Was, wenn der Hund sie hier anfiele? Sie hatte schon einmal eine schlechte Erfahrung gemacht, als sie einem Hund zu nahe gekommen war. Oder wenn sie im tiefen Schnee einsank und sich nicht alleine befreien konnte? Niemand konnte ihr helfen. Sie hatte nicht mal ein Handy bei sich.

Heike spürte die eisige Kälte. Der Hund würde in der Nacht erfrieren, niemand würde ihn heute noch hier finden. Armes Tier. Aber sie konnte es auch nicht ändern. Ein Hund weniger, es gab sowieso viel zu viele, zumindest in Clausthal-Zellerfeld.

Und übrigens erfroren im Winter viele Tiere. Ihr Leben war doch nichts anderes als ein dauernder brutaler Existenzkampf. Sie brachten sich ständig gegenseitig um. Die Schwachen unterlagen den Starken. Nein, die Natur war nicht sentimental, bloß die Menschen waren so doof.

Sie stellte ihren rechten Ski wieder in die Spur und stieß sich ab. Der Fahrtwind blies ihr ins Gesicht, sie kniff die Augen zusammen.

Brockengebäude im Winter.

Sie liebte das raue Harzklima. Vor allem vom Winter in den Harzer Bergen war sie begeistert. Nichts war schöner als Langlaufen, so oft wie möglich ging sie mit ihren Skiern raus. Über ihre Nachbarn, die den vielen Schnee beklagten, konnte sie nur den Kopf schütteln. Wie konnte man überhaupt hier wohnen, wenn man den Winter nicht mochte?

Richtig wütend war sie bei diesen Gedanken geworden. Mit weit ausholenden Bewegungen fegte sie durch die jetzt flache Loipe, bis sie ganz außer Atem und schwitzend am Ende des Rundkurses beim Parkplatz am „Forsthaus" ankam.

Als sie Skier und Stöcke in ihrem kleinen Mazda verstaute, hörte sie die laute Stimme eines Mannes. Sie blickte zu dem klotzigen hochbeinigen Auto im Geländewagenstil hinüber. „Jetzt steig endlich ein!" schrie der Typ sein Kind an.

Es war der Junge mit dem Hund. Mit total verheultem Gesicht stand er da. Die Frau neben ihm sagte: „Jetzt komm schon, wir kaufen dir einen neuen Hund!"

Heike wandte sich angewidert ab und stieg in ihren Wagen. Sie warf den Motor an und schaltete das Licht ein.

Der Junge blickte, wie hilfesuchend, in ihre Richtung.

„Verdammte Scheiße!" sagte sie, nahm den Gang wieder raus und drehte die Zündung ab. Sie holte tief Luft und schüttelte den Kopf. Dann kramte sie die Taschenlampe aus dem Handschuhfach, nahm Mütze und Handschuhe vom Beifahrersitz und zog den Reißverschluss ihrer Jacke hoch. Sie stieg aus und knallte die Autotür hinter sich zu.

„Blöder Hund!" murmelte sie leise und ging auf das Kind zu. „Ich weiß, wo dein Blacky ist. Komm, wir holen ihn."

Beatrice Nunold

Winterweihnachtswunder[1]

Der erste Schnee, er ist matschig und eklig feucht, aber rechtzeitig zum Beginn der Adventszeit und des Weihnachtsmarktes in Goslar. Die rustikalen Holzbuden um die Marktkirche herum und auf dem Marktplatz tragen weiße Hauben. Die Tannen des Weihnachtswaldes im Schuhhof strecken ihre weiß überzuckerten Fittiche schützend über Glühweinstände. Lichter verzaubern die diesige Luft in eine schimmernde Märchenatmosphäre. Alles wäre ganz wunderbar, wenn ich nicht so erbärmlich frieren würde. Die Standheizung, die mein kleines Zelt wärmen soll, nützt auch nichts. Und dann auch noch die immer gleiche Trällermusik: *Jingle Bells*, *Alle Jahre wieder*, *Oh du Fröhliche* ... Trallala! Habe schon lange Ohren, die Zähne klappern, und Zehen und Fingerspitzen sind gefrostet. Neben mir streckt sich mein Samojedenrüpel Rudi. Missmutig schaut er nach draußen. Dieser Warmduscher von einem Schlittenhund. Dichter Pelz, glitzernd weiß wie von Väterchen Frosts und Frau Holles Zauber berührt, und winterscheu wie ein ägyptischer Nackthund.

Jetzt auch noch Schneeregen. Da hilft nur Galgenhumor. Werde dann immer lyrisch:

---

[1] Unserem Samojedenrüpel Chewbacca gewidmet.

Die Nässe kriecht mir in die Glieder.
Fieser Regen nieselt nieder.
Auf dem Weihnachtsmarkt gediegen, bieder
Trällern alle Jahre wieder
Die immer gleichen Lieder.
Mich friert in meinem wollnen Mieder.
Ein Spatz mit feuchtem Gefieder
Schnappt sich ein Brezelbröckchen und
Flieht in den kahlen Flieder.

Die Einnahmen lassen zu wünschen übrig. Hätte besser ein Glühweinbüdchen aufmachen sollen. Das geht bei dieser Witterung immer. Wer kommt schon zu mir unter meinen himmelblauen Sternenbaldachin, zieht die Handschuhe aus, um sich aus seinen eiskalten Händen die Zukunft lesen zu lassen. Kartenlegen läuft auch nicht. So recht glaubt eh keiner mehr, und an die Zukunft schon gar nicht. Was zählt ist der Indikativ. Was man hat, das hat man. Raff ich heute, hab ich morgen. Es sei denn, die Banken verzocken alles. Konnte ich alles in den Karten lesen. Mich fragt aber keiner. Kauf ich heute Weihnachtsgeschenke, habe ich was für unter den Christbaum. Wer weiß, ob es morgen noch welche gibt oder ich pleitegehe. Hätten mich ja konsultieren können. Macht aber kaum einer. Wer glaubt schon noch an Magie und Wahrsagekunst. Alles Hokuspokus. Wer glaubt überhaupt noch an etwas, außer an die Macht des Marktes und vielleicht noch an das Horoskop in der Bildzeitung? Kein Wunder, dass es Weihnachtswichtel, Nikoläuse, Rentiere mit roter

Nase und Christkinder nur noch bei Disney gibt. Das Weihnachtswunder eine Hollywoodinszenierung, der lichterglänzende Weihnachtsmarkt ein Fake und eine Provinzklamotte. Meine Laune sinkt gegen Null, wie das Thermometer.

„Mama, Mama, schau doch mal!"
Ein Mädchen zerrt an der Hand seiner Mutter und zeigt in mein Zelt.
„Schau doch mal! Wie hübsch! Die Sterne und die Frau! Schau mal, eine Fee!"
Meine Stimmung steigt. Ich lächele das Kind freundlich an und zwinkere ihm mit kajalumrandeten Augen zu. Setze mich in Pose, damit mein nachtblaues, mit Sternen und magischen Zeichen übersätes Gewand zur Geltung kommt.
Die Mutter blickt zu mir herüber. Sie macht einen genervten Eindruck.
„Komm schon, Mira! Das ist keine Fee! Es gibt keine Feen! Das ist eine als Hexe verkleidete Frau. Die tut nur so, als könne sie aus der Hand oder aus den Karten lesen. Dafür nimmt sie auch noch Geld. Alles Betrug! Scharlatanerie!"
„Aber Mama, vielleicht doch nicht! Auch eine Fee oder Hexe muss vielleicht Geld verdienen. Vielleicht kann sie wirklich wahrsagen. Das wäre echt cool!"
„Mir ist auch ziemlich cool! Entweder gehen wir jetzt endlich heim, oder ich brauche einen Glühwein!"
„Vielleicht kennt sie ja einen Wärmezauber."

„Klar doch! Die schlottert selbst!"

Wo sie recht hat, hat sie recht. Aber nur, weil ich in der Öffentlichkeit eigentlich nicht zaubern will. Was soll's!

Sonne im Herzen,
Hitze im Blut,
Warme Füße,
Warme Hände,
alles ist gut!

Kaum gedacht, schon wird mir wohlig warm. Rudi blickt mich aus seinen schrägen braunen Augen an. Dann räkelt er sich zufrieden. Weichei! Ich schaue zu Mutter und Tochter.

„Mir ist gar nicht mehr kalt."

Das Mädchen hüpft vergnügt und winkt mir zu. Ich winke zurück. Die Mutter öffnet ihre hochgeschlossene Steppjacke am Hals. Sie wirkt irritiert.

Ich nehme ein Amulett von meinem Stand und reiche es dem Mädchen.

„Für dich! Schenke ich dir!"

„Danke! Was ist das?"

„Finde es raus! Du glaubst doch an Magie, oder?"

Sie nickt und schaut zu ihrer Mutter. „Darf ich es behalten?"

Die Frau zögert, schaut aber schon freundlicher. Was ein kleiner Wärmezauber nicht alles vermag.

„Meinetwegen! Danke, aber das wäre nicht nötig gewesen."

Weiß ich selbst. Leider tun wir Menschen, Hexen eingeschlossen, meist nicht einmal das, was nottut. Um die Welt wäre es besser bestellt.

„Komm, Mira", höre ich die Frau noch sagen, „lass uns heimgehen! Wenn du magst, kauf ich dir noch ein paar gebrannte Mandeln."

Wirkt doch.

Es schneit ununterbrochen. Die Tannen tragen schwer unter ihrer kalten Fracht, der Wind weht den Schnee in weißen Wolken von den Zweigen. Meine bescheidene Hütte duckt sich in den Windschatten der Düsterberge des Harzes. Grau dräut der Wald im fahlen Winterlicht. Rudi passt das alles gar nicht. Missmutig beobachtet er, wie ich den Schlitten herausputze. Weihnachtsgrün, rote Schleifen, Glöckchen und Zauberlichter. Nachts ist Beleuchtung wichtig. Der Sack, der Sack darf nicht fehlen. Habe mich in Weihnachtsgarderobe geschmissen: Purpurrotes Gewand mit Kapuze und weißem Kunstfellbesatz. Schick und warm. Natürlich ohne Bart. Bin doch kein verkleideter Weihnachtsmann.

„Auf, Rudi! Die Sonne geht unter! Wir müssen los!"

Rudi, sonst immer der Erste, wenn es darum geht, mit dem Wagen zu fahren, zeigt mir seinen nordischen Dickschädel. So was will ein Schlittenhund sein! O.k., schnell den Wärmezauber:

Sonne im Herzen,
Hitze im Blut,
Warme Füße,

Warme Hände,
alles ist gut!

„Aber subito, du Stubenhocker!"

Rudi bequemt sich und stellt sich mit Leidensmiene vor den Schlitten. Das ist ja zum Erbarmen! Wer kann diesem Blick widerstehen? Wirkt besser als jede Magie.

„Na los, hopp! Ich weiß, du liegst lieber auf dem Schlitten, auf einer warmen Decke. Ich lass mich auch nicht vor jeden Karren spannen. Obwohl, dies ist nicht jeder Karren, sondern ein Winterweihnachtshexenschlitten. Hast du ein Glück! Der fliegt mit Magie, hexenbesengetrieben! Aber ganz ungeschoren kommst du mir nicht davon, mein Großer!"

Schwupps, eine Weihnachtsmütze, und deine Nase

Bei der Huyschüne im Bodethale
(am Treseburger Wege.)

bringe ich auch rot zum Leuchten, wie bei Rudolph dem Rentier. Grins du nur! Wir werden beide unseren Spaß haben! Und hui, auf geht's! Rudis Fell, seine Ohren und Hundeschnauze liegen schnittig im Fahrtwind, während wir über die Baumwipfel und durch Schneegestöber gen Goslar brausen.

Wir nähern uns dem Städtchen. Ich gehe tiefer. Rudi geiert hinunter.

„Denk mal nicht daran, jeden Köter und jede Fußhupe von oben anzupöbeln! Heute ist Heiligabend! Es wird Weihnachten! Fest des Friedens! Friede sei auch mit dir, Rüpelchen!"

Rudi entspannt sich. Friedlich legt er seinen weichen, weißen Flauschkopf auf meinen Schoß und schaut mich aus braunen Augen schräg lächelnd an. Wir kreisen über der Stadt. Glockenklang erfüllt Luft und Gassen, bis in die letzte bescheidene Behausung.

Friede im Herzen,

In jeder Hütte

Lachen und Scherzen,

Aus jedem Haus fliehen die Sorgen,

Wenigstens

Bis einen Tag

Nach Neujahrsmorgen.

Ich lausche. Lachen dringt zu mir in die Höhe. Mein Herz hüpft vor Freude. Rudi zwinkert mir zu. Seine rote Weihnachtsmütze flattert im Wind.

Da wohnt Mira. Sturzflug in den kleinen Garten. Oh, Vorsicht, der Schneemann! Rudi krallt sich am Sitz fest.

Jaaaaaaaaaaaaaaaaaaaaaaaaah!!!!! Noch mal gutgegangen! Knapp am Schneegesellen und seiner orangenen Möhrennase vorbeigeschlittert. Die verschneiten Rosen etwas touchiert. Lichter blinken, Glöckchen bimmeln, und Rudi macht sein Jodeldiplom. Er sitzt auf dem Schlitten, die Fellnase in den Himmel gereckt, und jault ein Weihnachtsständchen. Ein kleiner Zauber, und es klingt ganz passabel. Ein Cross-over zwischen dem Chorgeheul eines Wolfes, *Süßer die Glocken nie klingen* und *Es ist ein Ros entsprungen*. Na ja, „Es ist ein Samojedenrüpel entsprungen" entspräche wohl eher dem Sachverhalt.

Wir bleiben nicht ungehört. Die Terrassentür wird aufgerissen. Mira stürmt heraus, mit Hausschuhen in den Schnee. Ihr folgen Mutter und Großmutter.

„Frohe Weihnachten! Frohe Weihnachten Ihnen allen! Du wolltest ein kleines Weihnachtswunder, Mira!"

Die Kleine erreicht den Schlitten. Rudi springt zu ihr in die weiße Pracht, stupst sie mit seiner roten Nase. Das Mädchen schließt den großen weißen Weihnachtshund in den Arm. Ich nehme den Sack und setze ihn behutsam in den Schnee.

„Mira, hüte das Amulett! Wer weiß, wofür es noch gut sein wird! Auf, Rudi, wir müssen weiter! Vielleicht schaffen wir es heute noch, im ganzen Harz Frieden und Freude in die Seelen aller Menschen, Tiere, Pflanzen und jeder Kreatur zu streuen. Das ist nicht viel, die ganze Welt erreichen wir nicht. Aber es sind winzige Funken der Hoffnung, die weiter glimmen mögen, auch wenn die Welt sich verdunkelt."

Draußen heult der Winterwind um meine Hütte. Ich sitze bei einem oder zwei oder mehreren Gläsern leckeren Glühweins, besser als jeder Wärmezauber. Vor mir eine Glaskugel. Sie trübt sich, dann lichtet sich der Nebel. Eine Weihnachtsstube. Lachen. Mira sitzt auf dem Teppich vor dem Christbaum, zusammen mit ihrer Mutter und Großmutter. Gemeinsam bauen sie einen roten Weihnachtszug auf. Stecken die Gleise zusammen und lassen ihn fahren. Er dampft, blinkt, und Glöckchen klingen. Aus dem Fenster der Lokomotive schaut ein kleiner weißbärtiger Mann mit roter Mütze und Mantel, winkt und lacht: „Ho, ho, ho!" Weihnachtswichtel in farbenfrohen Kostümen werfen bunte Schokolinsen aus den Abteilfenstern und singen ziemlich schräg in einer fremden Sprache fremde Weihnachtslieder. Oben um die Christbaumspitze aber kurvt ein kleiner, glitzernder, glöckchenklingender und besengetriebener Winterweihnachtsschlitten mit einer Weihnachtshexe und einem inbrünstig jodelnden Weihnachtshund.

Harzrose nach einem Stahlstich nach einer Zeichnung von Wilhelm Ripe.

Peter Baier
Studiendirektor a.D.
1941 in Stuttgart geboren und dort aufgewachsen.
Nach Ausbildung zum Bankkaufmann BWL-Studium in Köln und Nürnberg (Diplom-Handelslehrer).
1967-2003 Schuldienst in München.
Lebt nun mit seiner Frau Christiana in Clausthal-Zellerfeld.
Schreibt Kurzgeschichten, seit er im Ruhestand ist.
Veröffentlichung: *Take five* in der Anthologie *peinlich, peinlich* (Literarion im Herbert-Utz-Verlag, München 2005).

Dr. Christiana Baier
Historikerin
Geboren 1948 in Goslar. Aufgewachsen als Christel Bauer (Vadder) im Harzdorf Wolfshagen.
1967 Abitur an der Christian-von-Dohm-Schule in Goslar.
Vier Jahre Grundschullehrerin in Niedersachsen.
Danach Studium der Geschichte, Soziologie und Archäologie in Augsburg.
Arbeit auf archäologischen Ausgrabungen und im Archiv in Bayern.
Lebt seit 2004 in Clausthal-Zellerfeld.
Schreibt Geschichten, am liebsten über ihr Heimatdorf Wolfshagen.

Veröffentlichung 1998 im Verlag Styx 96, Augsburg (unter dem Namen Christiana Urner):
Herr Pampf und das Eichenmobiliar in dem Sammelband *Mach die Tür zu, Uwe! – Neue Satiren aus der Republik.*

Dr. Beatrice Nunold

Geboren in Hannover 1957. Studium in Hamburg: Kunstgeschichte, Philosophie, Volkskunde und manch anderes. Zurzeit Landesvorsitzende des Freien Deutschen Autorenverbandes (FDA) Niedersachsen. Lebt und arbeitet als Philosophin, Künstlerin und Schriftstellerin am Fuße der Düsterberge des Harzes in Goslar.
Veröffentlichungen:
Her-vor-bringungen – Ästhetische Erfahrung zwischen Bense und Heidegger, Deutscher Universitäts-Verlag, Wiesbaden 2003.
Freiheit und Verhängnis – Die Topologie des Seins und die fraktale Affektlogik, Edition Fatal, München 2004.
Diverse Artikel und Vorträge, zu finden unter: www.nunold.net, www.bildwissenschaft.org und www.vordenker.de.
Literarisches:
Klagelied der Gleichen, in: Wilhelm-Busch-Preis 2002, S. 88-90.
Ground Zero, in: *Die Literarische Venus*, Dorstener Lyrik Preis 2003, Dorsten 2003, S. 300.
Alles Lüge, in: *Gedichte – best german underground lyriks 2004*, Dresden 2004, S. 153.

Der verdorbene Stadtbummel, in: *Gedichte – best german underground lyriks 2005*, Dresden 2005, S. 192.

Neuwelt, in: *Die Literareon Lyrik-Bibliothek Bd. VI*, München 2006, S. 132.

Deep-Darkness 6, in: *Glarean Magazin*, 2007: http://glareanverlag.wordpress.com/.

Der Große Wald, ein phantastischer Roman, Schardt Verlag, Oldenburg 2008.

Quantenrealität – Esse est percipi, in: *Körpernah, Ein Lesebuch nieders. Autorinnen und Autoren*, Schardt Verlag, Oldenburg 2009.

Die Gedanken sind frei – ein paranoischer Monolog, in: *Körpernah, Ein Lesebuch nieders. Autorinnen und Autoren*, Schardt Verlag, Oldenburg 2009.

Und die Welt ist eine Scheibe, in: *Glarean Magazin*, 2010, http://glareanverlag.wordpress.com/category/beatrice-nunold/.

Atopia, in: *Avatare, Roboter & andere Stellvertreter*, Wendepunkt Verlag, Weiden 2010.

Das Burgfrollein, in: *Verborgene Schätze, Abenteuerliche Geschichten mit ganz besonderen Helden*, Erbe Verlag, Remscheid 2010.

Zusammen mit Detlef Welker und Inge Ried: *ZeiTraum – SF-Geschichten*, Papierflieger Verlag, Clausthal-Zellerfeld 2011.

Ein SF-Roman erscheint demnächst.

Und dann gibt es da noch einige Kunstausstellungen.

Internet: www.nunold.net

Inhalt

- Vorwort und Dank 5
- Beatrice Nunold: Der Duft der alten Dame 9
- Peter Baier: Oberharzer Idylle 21
- Christiana Baier: Heim nach Lautenthal 27
- Beatrice Nunold: Neulich am Herzberger Teich 33
- Peter Baier: Osterfeuer 44
- Christiana Baier: Hexe und Teufel 49
- Beatrice Nunold: Bitte! 53
- Peter Baier: Die Gartenbank 56
- Christiana Baier: Fräulein Elsa und die Sommerfrische .. 58
- Peter Baier: Zwischen den Welten 64
- Christiana Baier: Karo in den Pilzen 71
- Beatrice Nunold: Tiffany 76
- Peter Baier: Null ouvert 79
- Christiana Baier: Späte Mädchen 85
- Peter Baier: Tod in der Abzucht 94
- Beatrice Nunold: Fluch der Pharaonen 101
- Peter Baier: Gefährliche Loipe 108
- Beatrice Nunold: Alienweihnacht in Goslar 115
- Christiana Baier: Das Walddorf am Laki 124
- Peter Baier: Blöder Hund 143
- Beatrice Nunold: Winterweihnachtswunder 148